·中国社会科学院生态文明研究智库项目"生态脆弱地区的绿色转型发展"（EC201808）资助

·国家社会科学基金重大项目"推进城镇化的重点难点问题研究"（14ZDA026)资助

智库中社

国家智库报告 2018（39）
National Think Tank

经　济

生态脆弱地区的绿色转型发展
——以贵州省为例

单菁菁　宋迎昌　著

GREEN TRANSFORMATION AND DEVELOPMENT IN
ECOLOGICALLY FRAGILE AREAS——TAKING GUIZHOU
PROVINCE AS AN EXAMPLE

中国社会科学出版社

图书在版编目（CIP）数据

生态脆弱地区的绿色转型发展：以贵州省为例/单菁菁，宋迎昌著. —北京：中国社会科学出版社，2018.10
（国家智库报告）
ISBN 978 – 7 – 5203 – 3364 – 1

Ⅰ.①生…　Ⅱ.①单…②宋…　Ⅲ.①绿色经济—经济发展—发展—贵州　Ⅳ.①F127.73

中国版本图书馆 CIP 数据核字（2018）第 240304 号

出 版 人	赵剑英
责任编辑	谢欣露
责任校对	闫　萃
责任印制	李寡寡

出　　　版	中国社会科学出版社
社　　　址	北京鼓楼西大街甲 158 号
邮　　　编	100720
网　　　址	http://www.csspw.cn
发 行 部	010 – 84083685
门 市 部	010 – 84029450
经　　　销	新华书店及其他书店
印刷装订	北京君升印刷有限公司
版　　　次	2018 年 10 月第 1 版
印　　　次	2018 年 10 月第 1 次印刷
开　　　本	787 × 1092　1/16
印　　　张	12.75
插　　　页	2
字　　　数	105 千字
定　　　价	56.00 元

凡购买中国社会科学出版社图书，如有质量问题请与本社营销中心联系调换
电话：010 – 84083683

项目组成员

单菁菁 中国社会科学院城市发展与环境研究所研究员

宋迎昌 中国社会科学院城市发展与环境研究所研究员

刘　强 中国社会科学院数量经济与技术经济研究所研究员

成艾华 中南民族大学经济学院副院长、教授

感谢贵州省发展和改革委员会、贵州省社会科学院、贵州大学、贵州财经大学、贵州师范大学对于项目研究的大力支持！

摘　要

　　改革开放 40 年来，中国经济发展举世瞩目。但经济奇迹的背后也付出了巨大代价——发展方式过于粗放、浪费资源、污染环境的问题突出，阻碍了经济发展的可持续性。当前中国经济已由高速增长阶段转向高质量发展阶段，正处在转变发展方式、优化经济结构、转换增长动力的关键时期，党的十九大报告强调，"必须树立和践行绿水青山就是金山银山的理念""坚持人与自然和谐共生""形成绿色发展方式和生活方式"。大力发展以低能耗、低排放、低污染为标志的绿色经济，加快经济发展模式的绿色转型迫在眉睫。

　　贵州省作为典型的资源型地区，长期以来以资源开发带动经济增长。但是这种以环境破坏为代价的经济增长方式，不仅没有使贵州跳出贫困落后的陷阱，反而加剧了贵州省的生态脆弱性，为未来可持续发展带来更大的困难。

长期以来，贵州经济社会发展的各种人均和水平指标大都处于全国最下游。西部大开发战略实施以后，特别是《关于进一步促进贵州经济社会又好又快发展的若干意见》（国发〔2012〕2号，以下简称国发2号文件）出台以来，贵州经济社会发展取得长足进步，部分指标与全国的相对差距有所缩小，但总体发展水平仍然比全国平均水平落后5—10年。贵州省要与全国同步实现到2020年全面建成小康社会和到2035年基本实现社会主义现代化的发展目标，必须走绿色跨越式发展道路，尽快改变贵州的贫困落后面貌。

本报告以贵州省为典型案例，分析我国生态脆弱地区社会经济发展的主要特点和面临的普遍问题，并建立计量经济学模型，着重探讨了新型工业化、新型城镇化与绿色转型发展的内在关系，以及贵州绿色转型发展对于新型工业化、新型城镇化和科技进步的要求。指出：工业化与城镇化具有良性互动关系，贵州省要实现到2020年全面建成小康社会的发展目标，必须充分发挥自身的生态资源优势，牢牢守住"发展"和"生态"两条底线，以较高速率推进新型工业化和新型城镇化，促进二者之间的协同发展，为贵州经济增长提供强劲而持久的动力。同时通过强化内生性自主创新能力、优化劳动力在三次产业中的布局，为贵州经济社会发展提供充足的人力资本和科技创新支撑，走出一条创新能力强、技术含量高、资源消耗低、环境污染少的绿色转型发展道路，并以此作为依据，提出推动生态脆弱地区绿色转型发展的政策建议。

关键词：生态脆弱；绿色转型；贵州；高质量发展

Abstract

In the past 40 years of reform and opening up, China's e-conomic development has attracted worldwide attention. But the economic miracle has also paid a huge price behind it——the problem of too extensive development method, wasting the resources and polluting the environment is highlighted, hindering the sustainable development of the economy. At present, China's economy has shifted from a high – speed growth stage to a high – quality development stage, and is in a critical period of transforming development mode, optimizing economic structure, and transforming growth momentum. The report of the 19th National Congress of the Communist Party of China emphasized that "the concept of green mountains and green mountains must be established and practiced, and the concept of harmony between man and nature should be established to form a green development mode and way of life". Vigorously developing a green economy marked by low energy consumption, low emissions and low pollution, and accelerating the green transformation of the economic development model is imminent.

As a typical resource – based region, Guizhou Province has long been driven by resources to promote economic growth. However, this kind of economic growth at the expense of environmental damage has not only failed to make Guizhou out of the trap of poverty and backwardness, but has intensified the ecological fragility of Guizhou Province and brought greater difficulties for sustainable development in the future. For a long time, the various per capita and horizontal indicators of Guizhou's economic and social development are mostly at the bottom of the country. Since the implementation of the strategy for the development of the western region, especially since the introduction of the Document No. 2 of the National Development Corporation in 2012, Guizhou's economic and social development has made great progress, and the relative gap between some indicators and the country has narrowed, but the overall level of development is still about 5 – 10 years behind the national average. In order to realize the development goal of fully building a well – off society by 2020 and basically achieving socialist modernization by 2035, Guizhou Province must take a green and leap – forward development path and change Guizhou's poverty as soon as possible.

This report takes Guizhou Province as a typical case to analyze the main characteristics of social and economic development in China's ecologically fragile areas and the general problems it faces, and establishes an econometric model. It focuses on the internal relationship between new industrialization, new urbanization and green transformation development, as well as the requirements for new industrialization, new urbanization and scientific and technological progress in Guizhou's green transformation and development. This report points out that industrialization and urbanization have a positive interaction. Also, in order to realize the development goal of building a well – off society in an all – round way by 2020, Guizhou Province must give full play to its own advantages in ecological resources and firmly hold the two bottom lines of "development" and "ecology", promoting new industrialization and new urbanization at a higher rate, and promoting synergy between the two, and finally provide a strong and lasting impetus for Guizhou's economic growth. At the same time, providing sufficient human capital and technological innovation support for Guizhou's economic and social development by strengthening the endogenous independent innovation capability and optimizing the layout of the labor force in the three industries, forming a green transformation development road with strong innovation ability, high technology content, low resource consumption and less environmental pollution. Based on that, we propose policy recommendations to promote green transformation and development in ecologically fragile areas.

Key Words: Ecological Fragility; Green Transformation; Guizhou; High Quality Development

目　　录

引　言

改革开放 40 年来，中国经济持续高速增长，受到国内外广泛关注，被称为"中国现象""中国模式""中国道路"。但在高速增长的背后，隐藏着一些不可持续的经济发展方式。传统的高能耗、高污染的经济增长模式带来的是能源短缺以及环境污染，破坏生态环境的同时也阻碍了经济的长期可持续发展。因此，改变这种传统的、粗放式的经济增长模式，大力发展以低能耗、低排放、低污染为标志的绿色经济，加快经济发展方式的绿色转型迫在眉睫。党的十八大报告提出，要大力推进生态文明，着力推进绿色发展、循环发展、低碳发展，形成节约资源和保护环境的空间格局、产业结构、生产方式和生活方式。党的十九大报告也十分注重可持续发展，强调"必须树立和践行绿水青山就是金山银山的理念""坚持人与自然和谐共生""形成绿色发展方式和生活方式"。

贵州省地处我国西南地区的云贵高原，地域总面积17.6万平方千米，境内山峦起伏、重峦叠嶂，是世界上喀斯特地形发育最强烈的地区，山地和丘陵占省域国土面积的92.5%。贵州省属亚热带湿润季风气候，年平均气温在15℃左右，年平均降雨量在1200毫米左右，冬无严寒、夏无酷暑、气候宜人。贵州省自然生态资源非常丰富，森林覆盖率在40%以上，水能资源蕴藏量居全国第6位，煤炭等46种矿产资源的储量位居全国前列，是长江、珠江上游重要的生态屏障，同时也是典型的生态脆弱型地区。

由于煤炭、矿产等资源非常丰富，长期以来贵州省一直以资源开发带动经济增长，是典型的资源型经济地区。但是这种以生态环境破坏为代价的经济增长模式，带来的是持续的贫困和落后。西部大开发战略启动以来，特别是2012年1月国务院《关于进一步促进贵州经济社会又好又快发展的若干意见》出台后，贵州迎来了新的发展机遇，社会经济迅猛发展。在"十二五"全国经济增速普遍放缓的背景下，贵州省地区生产总值年均增速达到12.5%，超出全国平均水平约5个百分点，很多经济指标增速都位居全国前列。但由于发展起点较低，贵州省发展滞后的局面并没有得到根本改变。与其他省份相比，贵州省2015年的地区生产总值仍处于下游水平，人均 GDP 不到 3 万元，相当于全国人均 GDP 的 60.5%；全面建成小康社会指数为80.5%，仅相当于 2010 年的全国平均水平。[①] 因此，要实现党的十九大提出的发展目标，贵州依然任重而道远。

根据国家"三步走"战略和党的十九大报告提出的发展目标，即到 2020 年我国将全面建成小康社会，到 2035 年基本实现社会主义现代化，到 21 世纪中叶（2050 年）把我国建成富强民主文明和谐美丽的社会主义现代化强国，关键之一是要补齐发展短板，尽快改变贵州省的贫困落后面貌，促进贵州省尽快实现富裕和跨越发展。因此，贵州省能否实现跨越式绿色转型发展，已经成为一个重大的国家战略问题。正如《国务院关于进一步促进贵州经济社会又好又快发展的若干意见》（以下简称国发 2 号文件）所指出的：贵州尽快实现富裕，是西部和欠发达地区与全国缩小差距的一个重要象

[①]　贵州省统计局、国家统计局贵州调查总队：《2015 年贵州省国民经济和社会发展统计公报》，http：//www. gzgov. cn/xxgk/jbxxgk/sjgz/tjsj/201603/t20160323_384506. html，2016 年 8 月 3 日；国家统计局科研所：《中国全面建设小康社会进程统计监测报告 (2011)》，http：//cn. chinagate. cn/reports/2012 – 08/28/content_ 26350679. html，2016 年 8 月 3 日。

征，是国家兴旺发达的一个重要标志。[①] 在"十三五"及今后更长时期内，贵州省要实现"创新、协调、绿色、开放、共享"[②] 的发展理念，亟须从战略高度对未来发展进行科学谋划，彻底打破当前低水平、贫困落后的超稳态，充分发挥贵州省比较优势和后发优势，走追赶型、调整型、跨越式、可持续发展道路。

本报告以贵州省为例，分析生态脆弱地区社会经济发展的历史和现状，总结目前社会经济发展过程中存在的问题，利用计量经济学模型对未来的社会经济发展进行科学预测，并以此作为依据，提出贵州省绿色转型发展的政策建议，为全国类似生态脆弱地区的绿色转型发展提供参考和借鉴。

---

① 《认真学习贯彻落实党的十八大精神为与全国同步全面建成小康社会而奋斗》，《贵州日报》2012 年 11 月 24 日。

② 习近平：《在中国共产党第十九次全国代表大会上的报告》，《中国经济周刊》2017 年 10 月 30 日。

第一章　贵州经济社会发展的
主要阶段

　　地区经济社会发展是一个历史的渐进过程，必须以历史的眼光和动态的思维去考察其过去、当前及未来的发展。正如诺贝尔经济学奖得主道格拉斯·诺斯所言：历史是起主要作用的，制度的变迁具有"路径依赖性"或惯性，过去的发展历史很大程度上决定现在和将来的发展方向。因此，只有在对贵州经济社会发展历程、发展现状、存在问题及其产生原因进行客观分析的基础上，才有可能对贵州的未来发展方式、发展路径和发展战略做出正确的判断与选择。

　　新中国成立以来，贵州经济社会发展经历了一个由起步、波动、徘徊、恢复到逐步加速和快速发展的过程，其发展历程大体可以划分为六个阶段（见图1-1）。

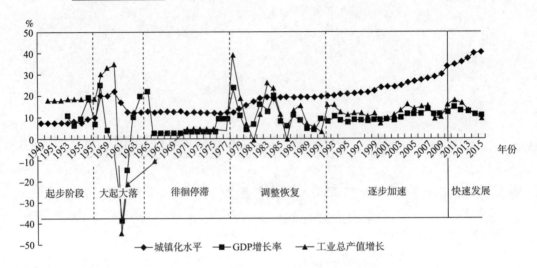

图 1 - 1　贵州经济社会发展的主要阶段

注：改革开放前部分缺失数据采用该年份所在五年计划时期的年均数据。

资料来源：根据《贵州统计年鉴》（1986、2008—2016）。

一　起步阶段（1949—1957 年）

中华人民共和国成立之初，百废待兴，随着国家
"一五"计划的实施以及在贵州地区的工业布局，贵州
经济特别是冶金、电力、煤炭、建材等基础工业和食品
工业得到较快发展。同时，在工业兴起的支撑下，城镇
化也开始起步。1957 年，贵州工业总产值达到 6.1 亿
元，是 1950 年的 2.8 倍，年均增长 16%；城镇化率达

到 9.8%，比 1949 年提高了 2.3 个百分点，年均提高约 0.3 个百分点；翻开了贵州走向工业社会和城镇化的新篇章。

二　大起大落阶段（1958—1965 年）

在 1958 年开始的三年"大跃进"中，片面追求高速度，不切实际地发展重工业，打乱了贵州正常的经济秩序。到 1960 年，贵州工业总产值年均增长 33.6%，其中重工业年均增长 50.8%，轻重工业比例由"一五"末的 58.5∶41.5 迅速变为 37.2∶62.8，发展严重失衡，后继乏力。1961 年和 1962 年，贵州工业出现大幅下滑，工业总产值分别比上年下降了 44.9% 和 21.6%。整个"二五"时期，贵州地区生产总值呈现负增长（-7.7%），工业总产值年均增速仅为 0.6%。1963—1965 年，随着国家经济调整，贵州经济才得以缓慢恢复。在这一时期，受工业发展、政策变动等各种因素的影响，贵州城镇化也同样经历了一个大起大落的过程，城镇化率先是由"一五"末的 9.8% 猛增至 1960 年的 21.9%，接着又大幅倒退，骤减至 1965 年的 12.4%。

三 徘徊停滞阶段（1966—1978 年）

"文化大革命"期间，一方面由于"三线"建设和国家大规模投资，贵州相继建成了航天、航空、电子三大军工基地以及与之配套的一批煤炭、电力、冶金、机械、化工等骨干企业，进一步奠定了贵州工业的基础；但另一方面，由于"三线"建设主要是为了备战需要，按照"山、散、洞"的原则进行布局，项目布局不合理，集聚效应不高，工程不配套，对地方发展的带动力很小，加之受"文化大革命"影响，很多企业处于停产、半停产状态，经济发展陷入困境。"三五""四五"时期，贵州地区生产总值年均增长分别为 2.4% 和 3.1%，而人均 GDP 的增长则近乎为 0。同时，城镇化也基本处于停滞状态，到 1978 年城镇化水平仅为 12.1%，比 1965 年还略有降低。

四 调整恢复阶段（1979—1992 年）

党的十一届三中全会以后，贵州经济得到迅速恢复和发展，初步建立起以农业为基础，以能源、原材料、机械和轻工业为主体的国民经济体系。1979—1992 年，贵州工业总产值增加了 7.3 倍，并于 1992 年首次超过农业总产值，三次产业结构由"一二三"变为"二一三"。同时，在改革开放和工业发展的促进下，贵州城镇化水平也由 1978 年的 12.1% 提高到 1992 年的 19.8%，年均提高约 0.55 个百分点。

五　逐步加速阶段（1993—2010 年）

这一时期国家强调经济结构调整，通过深化改革，扩大开放，调整和完善所有制结构，大力发展非公经济，使经济市场化程度大大提高。特别是 2000 年，国家开始实施西部大开发战略，加大了对西部地区的基础设施建设和投资力度，西部大开发建设迈出实质性步伐。在此宏观背景下，贵州全面加强了以交通为重点的基础设施建设、以"西电东送"为重点的能源建设、以解决工程性缺水为重点的水利设施建设、以退耕还林为重点的生态建设，以及以"普九"为重点的科教事业发展，使贵州经济发展的基础性条件得到很大改善，特色经济体系建设步伐明显加快，地区生产总值年均增速由"八五""九五"时期的8.7%逐步提高到"十五"时期的10.4%和"十一五"时期的12.5%，三次产业结构也由"二一三"先后转变为"二三一"和"三二一"。与此同时，贵州省城镇化也取得了实质性增长，城镇化水平由1992年的19.8%提高到2010年的33.8%，年均提高0.78个百分点。

六　快速发展阶段（2011年至今）

"十二五"以来，特别是国发2号文件出台后，贵州省获得了中央政府和外部投资的有力支持，经济发展日新月异、突飞猛进，综合社会经济实力得到显著提升。"十二五"期间，贵州省地区年均增长12.5%以上，地区生产总值突破1万亿元，人均GDP接近5000美元，各指标增速位居全国前列。工业化、信息化、城镇化加快推进，大数据、大健康等新兴产业蓬勃发展，交通基础设施不断完善，铁路营运里程突破3000千米，贵阳至广州、长沙的高铁相继开通，"高铁时代"正式来临，"宽带贵州"建设取得突破，城镇化率提高到42.01%，城镇化水平提高幅度居全国各省份前列。

第二章　贵州经济社会发展成就与问题

一　贵州经济社会发展的成就

随着西部大开发战略的实施，贵州发生了翻天覆地的变化，经济增长速度逐步加快，人民生活水平明显提高，基础环境建设得到较大改善，经济社会发展取得了较大成就。随着国发2号文件的出台，中央支持贵州省的力度空前加大，贵州省经济社会、城乡面貌、人民生活水平开始更好更快地发展和改善。

（一）经济持续较快增长

西部大开发战略实施以来，随着"西电东送"工程等一批重点项目在2003年投入运行，贵州经济逐渐走出十余年的低迷状态，增长速度明显加快，2003—

2015 年地区生产总值（GDP）连续 12 年保持两位数以上的增长率，2011 年 GDP 增长速度更是达到 24%，在全国各省份中仅次于天津、重庆，成为贵州历史上经济持续增长时间最长、速度最快的时期（见图 2-1）。2015 年，贵州 GDP 增长速度相比上年有所回落，但仅次于天津，位居全国第二位。"十二五"时期，贵州地区生产总值、财政一般预算收入、全社会固定资产投资全部实现了总量翻番。

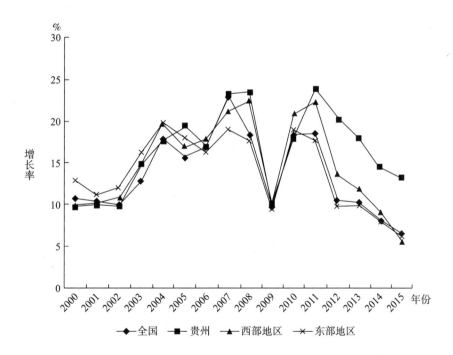

图 2-1   西部大开发以来贵州地区生产总值增长速度比较

注：地区生产总值（GDP）增长率根据各省份 GDP 及其增长率实际数推算。

资料来源：根据《中国统计年鉴》（各年度）及相关资料计算。

（二）产业结构逐渐优化

改革开放以来，特别是"十二五"期间，贵州省三次产业均获得较快发展，产业结构逐渐优化。主要表现在以下四个方面：

第一，特色优势工业渐成体系。近年来，贵州围绕优势资源的深度开发和转化，进一步加快了新型工业化的推进步伐，煤炭、电力、烟酒、化工、有色金属冶炼等重点优势行业得到较快发展，其增加值占规模以上工业增加值的比重超过 80%，成为拉动经济增长的重要支柱。同时，依托贵州自然资源优势和军工等产业基础优势，生物技术、电子信息、新材料、先进制造业、航空航天等战略性新兴产业也得到较快发展。目前，贵州已初步形成了由能源、化工、冶金、建材、食品烟酒、机械制造和部分战略性新兴产业构成的特色工业体系，"十二五"期间工业增加值年均增速达到 17.61%。

第二，以旅游业为龙头的第三产业快速发展。"十二五"以来，随着基础设施条件的不断改善、居民收入水平的不断提高，贵州旅游业取得突飞猛进的发展，2015 年贵州旅游总人数达到 37630.01 万人次，近 5 年

年均增长 21.94%。2015 年旅游总收入达到 3512.82
亿元，相当于地区生产总值的 33.44%。在旅游业的带
动下，贵州交通、餐饮、物流、文化等服务业出现
"井喷"式发展，2010—2015 年第三产业增加值年均增
长 16.7%，年均拉动地区生产总值增长 2.2 个百分点，
对地区生产总值增长的贡献率达到 38.2%（见图 2 -
2）。从发展趋势看，第三产业贡献率自 2012 年开始逐
渐提升，而第二产业尤其是工业的贡献率逐年下降。

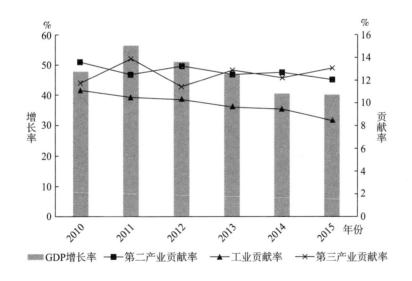

图 2 - 2　贵州第二、第三产业对地区生产总值增长的拉动情况

资料来源：根据《贵州统计年鉴（2016）》计算。

　　第三，农业生产效率不断提升。1998 年以来，贵

州粮食产量稳定在 1100 万吨水平，农村在实现粮食从长期紧缺变为基本自给后，农业逐步向特色养殖业、特色种植业转移，畜牧业、茶叶、蔬菜、中药材等特色农业产值持续增长，农业内部结构不断优化，农业生产效率显著提升。"十二五"以来，农业从业人员的人均劳动生产率由"十一五"末的 4855 元/人提高到 2015 年的 15260 元/人，按可比价格计算年均提高 25.73%；地均农业生产率由"十一五"末的 12884 元/公顷提高到 2015 年的 39035 元/公顷，按可比价格计算年均提高 24.82%（见图 2-3）。

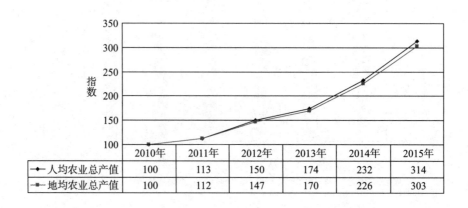

	2010年	2011年	2012年	2013年	2014年	2015年
人均农业总产值	100	113	150	174	232	314
地均农业总产值	100	112	147	170	226	303

图 2-3　2010—2015 年贵州农业生产效率提升趋势

注：2010 年的人均农业生产率和地均农业生产率均为 100。

资料来源：根据《贵州统计年鉴 2016》和中经网统计数据库相关数据整理计算。

第四，三次产业结构调整取得初步进展。1992 年，贵州第二产业增加值首次超过第一产业，产业结构由原来的"一二三"转变为"二一三"；1998 年，由于第三产业的快速发展，产业结构进一步转变为"二三一"；至 2006 年，迅速发展的第三产业又再次超过第二产业，产业结构转变为"三二一"（见图 2 - 4）。与发达经济体所经历的产业结构演变相比，尽管贵州经济在质量、规模和效益上都存在着本质的差别，贵州在全国经济中的相对地位也没有发生实质性改变，但贵州的

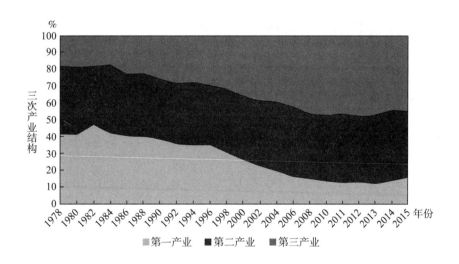

图 2 - 4　贵州三次产业结构变动情况

资料来源：根据历年《贵州统计年鉴》计算。

产业结构却无疑正在经历一个逐步优化的过程。需要指出的是，目前贵州的"三二一"结构是在工业化尚未大规模启动的情况下出现的，第三产业的较高比重是建立在缺乏坚实的制造业支撑的基础上的，因而存在一定的"虚高"现象。这与目前沿海发达地区出现的"三二一"结构是不同的。

（三）基础设施建设取得突破性进展

改革开放以来特别是实施西部大开发以来，贵州省交通、信息化、城乡基础设施建设等均取得突破性进展，主要表现在以下四个方面：

第一，立体化交通网络初步建立。"十二五"以来，贵州铁路建设速度明显加快。2014年年底，贵广高铁建成通车，贵州实现高铁"零"突破；2015年5月，贵州第一条城际快速铁路——贵开铁路开通运营；6月，沪昆高铁贵州东段正式开通，加速贵州融入全国高铁网。贵州在"十二五"期间，跨入了高铁时代，与全国的时空距离越来越近。截至2015年，贵州铁路营业里程达到2810千米，与此同时，公路通车里程也从2000年年末的3.46万千米提高到2015年年末的

18.64 万千米，15 年的时间增长了 4.39 倍。高速公路通车里程达到 5128 千米，比上年增长 28%。民航运输业迅猛发展，2014 年六盘水月照机场正式通航，宣告了以贵阳龙洞堡、遵义新舟、铜仁凤凰、兴义、黎平、荔波、安顺、毕节、黄平、六盘水十个通航机场所组成的"一干九支"机场布局正式形成。怀仁、黔北、威宁、罗甸 4 个支线机场正在建设或拟建，将打造以龙洞堡机场为核心、13 个支线机场覆盖省内主要城市的"一干十三支"的民航格局。

第二，信息网络建设取得显著成就。改革开放以来，贵州通信落后的状况得到明显扭转，一个覆盖全省、通达国内外，拥有数字程控交换、光纤通信、移动通信、微波通信、卫星通信、互联网等多层次、多功能的现代通信网络已基本形成。截至 2015 年年末，贵州交换机总容量达到 5545 万门，固定电话用户和移动电话用户分别达到 312.5 万户和 3172.3 万户，互联网宽带接入用户达到 916.68 万户。信息网络基础设施的不断完善，有力地促进了贵州经济和社会发展。

第三，农村基础设施水平明显提升。贵州是全国唯一没有平原支撑的省份，耕地面积少，农业基础设施建设滞后，工程性缺水问题严重，人地矛盾十分突出。"十二五"期间，贵州加大了农业基础设施的建设力度。农田有效灌溉面积由"十一五"末的119.53万公顷增加到"十二五"末的142.95万公顷，年均增加4.68万公顷；旱涝保收面积由"十一五"末的64.6万公顷增加到"十二五"末的67.9万公顷，年均增加0.66万公顷；解决了1060万农村人口饮水安全问题。目前，贵州已初步形成防洪抗旱、水利灌溉、城乡供水、地方小水电和水土保持五大工程体系。

第四，城市基础设施建设快速推进。"十二五"期间，贵州城市道路、供水、供电、垃圾处理等基础设施建设快速发展并取得显著成效。城市道路大幅增加，道路总面积由"十一五"末的6342万平方米增加到2015年的13005万平方米，年均增加15.45%；城市供水能力显著增强，供水管道总长度由"十一五"末的9376千米增加到2015年的15239千米，年均增加10.2%（见图2-5）；城市污水和垃圾处理设施逐步改善，城市污水处理率由"十一五"末的86.9%提高到2015年的90%，城市生活垃圾无害化处理率由"十一五"末的78.8%提高到2015年的84.7%，分别提高了3.1和

5.9 个百分点。

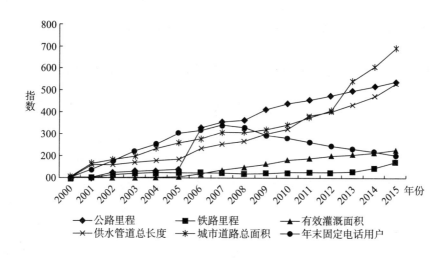

图 2 - 5　贵州省基础设施建设进展情况

注：2000 年的各项指标值均为 100。

资料来源：根据《新中国六十年统计资料汇编》和相关年份《贵州统计年鉴》数据整理

计算。

（四）社会事业全面进步

"十二五"期间，贵州省民生建设取得显著成效，

社会事业全面进步，主要表现在以下几方面：

首先，基本公共服务水平和能力逐步提高。"十二

五"时期，贵州省累计投入教育、卫生、文化等各项

社会事业发展的财政扶贫资金 93.8 亿元。城镇登记失

业率由"十一五"末的 3.63% 降为 2015 年的 3.29%。全部免除农村义务教育阶段中小学生学杂费,中等职业教育在校生达到 60.25 万人。新型农村合作医疗参合率达到 96.3%。农村居民年人均保障标准得到调整提高,达 2759 元,最低生活保障制度不断完善。农村低保、医保、"普九"等通过系统性制度安排总体上得到解决。

其次,城乡居民收入差距有所缩小。"十二五"时期,贵州城镇居民人均可支配收入由"十一五"末的 14142 元提高到 2015 年的 23568 元,年均提高 10.75%;农民人均纯收入由"十一五"末的 4560 元提高到 2015 年的 7387 元,年均增长率为 10.13%。最后,农村贫困人口略有上升。"十二五"时期,贵州省累计投入各类扶贫资金 101.36 亿元。全省农村贫困人口从 2010 年年末的 418 万人(按 944 元标准,2005 年价格),上升到 2015 年年末的 493 万人(按 1274 元标准,2010 年价格),增加了 75 万人,贫困发生率从 2010 年的 12.1% 上升到 2015 年的 14%。

(五)石漠化治理取得初步成效

西部大开发战略实施以来,贵州省大力实施退耕还林、天然林保护等生态建设工程以及生态移民搬迁工程，重点开展了六大任务，增加植被、建设基本口粮田、发展草地畜牧业、开展农村能源建设、易地扶贫搬迁、发展后续产业，开展石漠化综合治理工作。据统计，"十一五"时期，贵州共治理石漠化面积6615平方千米，约占全省石漠化面积的1/5。试点区域内，石漠化面积占土地面积的比例较2010年减少1.65%，植被生态、石漠化、水土流失等状况得到明显改善，农村生产生活条件也显著提升。2010年，石漠化综合治理区域内农民人均纯收入达到2348.53元，是2005年的1.25倍[①]（见图2-6）。

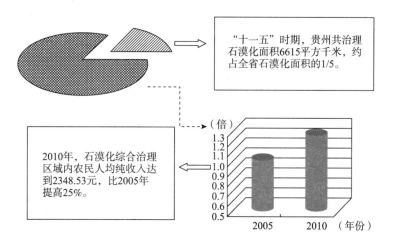

图2-6　贵州省石漠化治理情况

① 《贵州探索石漠化综合生态治理新路子》，《经济日报》2011年8月2日。

二 贵州经济社会发展存在的主要问题

经济总量小、人均水平低、发展速度慢是当前贵州的基本省情和面临的主要矛盾，工业化水平低，城镇化进程慢，产业结构不合理，区域及城乡发展不协调，农村贫困面广、贫困程度深，资源环境压力大，发展方式粗放，创新能力不足等仍然是制约贵州科学发展和跨越发展的主要问题。

（一） 经济总量小，人均水平低，发展能力不足

从经济总量看，2015 年贵州地区生产总值为 10502.56 亿元，仅占全国各地区生产总值的 1.53%，占西部地区生产总值的 7.24%；第一、第二、第三产业增加值分别为 1640.6 亿元、4147.83 亿元、4714.12 亿元，仅分别占全国第一、第二、第三产业增加值的 2.70%、1.48% 和 1.37%；与贵州人口占全国的比重（2.56%）相比，贵州地区生产总值以及三次产业增加值占全国的比重都远远低于其人口比重。这说明，相对于人口规模，贵州经济规模明显偏小。

从人均水平看，2015 年贵州省人均 GDP 为 29847 元，仅为广西壮族自治区人均 GDP 的 84.82%，青海省的 72.35%，重庆市的 57.05%，四川省的 81.16%，仅为全国各地区人均水平的 59.7%，是全国人均 GDP 最低的省份之一（见图 2–7）。

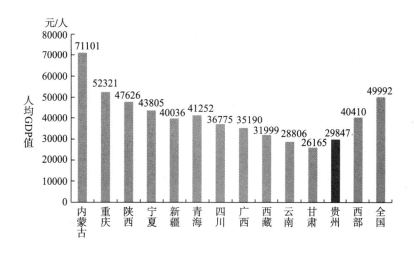

图 2–7　2015 年贵州省人均 GDP 与全国及西部各省份比较

资料来源：根据《中国统计年鉴》（2016）计算。

由于经济总量小、人均水平低，贵州省区域经济发展水平较低，资本积累率较低，很多经济指标基本常年居于全国末位，在中国—东盟自由贸易区、泛珠三角地区以及西南地区的经济分工中难以充分发挥自身作用、占据有利地位，自我发展能力严重不足。

（二）工业化滞后，产业层次低，总体效益低下

从工业化角度看，目前贵州省尚处于工业化初期阶段，工业化水平较低。改革开放以来，我国工业化大步向前发展，而贵州省则相对滞后。贵州省工业在全国的占比及在大区域工业中所占的份额不断缩小，与全国及周边省份的发展差距不断拉大。2015 年贵州省工业增加值 3315.58 亿元，仅为四川省的 30.03%，湖南省的 30.29%，广西壮族自治区的 52.13%，重庆市的 59.66%，云南省的 86.16%，占全国工业增加值的比重从改革开放初期 1979 年的 1.04% 略微提升到 2015 年的 1.21%，占西部地区工业增加值的比重从 2000 年的 6.44% 下降到 2015 年的 6.42%。2015 年贵州省工业增加值占地区生产总值的比重为 31.57%，分别比周边的重庆、四川、湖南、广西低 3.79、5.15、6.30、6.30 个百分点，低于全国各地区平均水平 6.49 个百分点；与 1979 年相比，贵州工业增加值比重下降了 1.59 个百分点，而与此同时，周边四川、湖南、广西的工业增加值比重则分别提高了 4.93、4.60、8.17 个百分点（见图 2-8）。

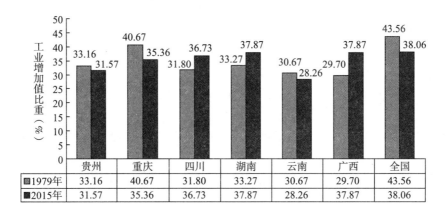

图 2 – 8　贵州工业增加值比重与全国及周边省份比较

资料来源:《新中国 60 年统计资料汇编》和《中国统计年鉴》(2016)。

2015 年贵州省三次产业结构为 15. 62∶39. 49∶44. 89,第三产业占 GDP 的比重已经超过了第二产业,且在 GDP 中占有最大份额。表面看来,这种产业结构似乎在一定程度上表现出了某种后工业化的特征,但从各产业增加值比重相对于 GDP 比重的区位熵(LQ)[①]观察,我们却可以发现,2015 年贵州省第一、第二、第三产业的区位熵分别为 1. 86、0. 48、1. 07。也就是说,以全国

_____

　　[①]　一个地区各产业增加值占全国的比重相对于该地区生产总值占全国比重的区位熵(LQ),可以反映出该地区在以全国产业结构作为参照系的情况下,各产业对于地区经济的相对重要性。其计算公式如下:$LQ_{ij} = \dfrac{L_{ij}/L_j}{G_i/G}$。其中:$LQ_{ij}$ 为 i 地区 j 产业的区位熵,L_{ij} 为 i 地区 j 产业的增加值,L_j 为全国 j 产业的增加值;G_i 为 i 地区的生产总值,G 为全国各地区生产总值。

各地区平均产业结构为参照，贵州省第三产业对区域经济的相对作用甚至小于第一产业，而第二产业特别是工业对贵州经济的支撑作用则最弱（见表2-1）。进一步观察贵州省工业内部结构，目前在贵州省工业增加值居于前列的工业行业依次为：煤炭开采和洗选业，电力、热力的生产和供应业，塑料制品业，酒、饮料和精制茶制造业，化学原料及化学制品制造业，非金属矿物制品业。这六大行业工业增加值占贵州省工业增加值的近3/5（58.78%），体现出贵州工业对能源、原材料的高度依赖性。换句话说，目前贵州工业整体上仍处于资源依赖型的初期发展阶段。产业层次低，产业链条短，经济发展缺乏工业的有力支撑，第二、第三产业发展不匹配是目前贵州产业结构面临的主要问题。

表2-1 2015年贵州省三大产业的相对地位（以全国为参照）

	第一产业	第二产业	工业	第三产业
占全国相应产业比重（%）	2.70	1.29	1.21	1.38
区位熵（LQ）	1.86	0.48	0.44	1.07

资料来源：根据《中国统计年鉴》（2016）计算。

　　由于工业化滞后，产业层次低，产业链短，产品附加值少，贵州省经济效益与周边省份存在着明显差距。如 2015 年贵州省规模以上工业企业主要经济效益指标，除去总资产贡献率和工业成本费用利润率外，其他均处于较低水平；资产负债率高达 63.68%，在周边省份中位列第一，高出全国平均水平 7.07 个百分点；产品销售率和流动资产周转次数在周边省份中分别处于倒数第一位、第二位，分别比全国平均水平低 2.6 个百分点和0.5 次/年。而唯一较高的工业成本费用利润率，也主要是因为烟酒制造业是贵州重要的支柱型产业，而烟酒产品的成本利润率较高（见表 2-2）。

表 2-2　贵州省与全国及周边省份工业经济效益比较（2015 年）

地区 单位	总资产贡献率（%）	资产负债率（%）	流动资产周转次数（次/年）	工业成本费用利润率（%）	产品销售率（%）
贵州	13.00	63.68	1.90	8.03	95.20
湖南	18.40	51.92	3.90	10.50	97.80
广西	15.80	62.50	3.00	6.70	95.30
重庆	14.90	61.90	2.90	2.60	97.90
四川	12.20	60.30	2.60	5.80	96.50
云南	11.80	64.70	1.60	5.10	95.50
全国	14.30	56.60	2.40	6.30	97.80

资料来源：根据《中国统计年鉴》（2016）计算。

（三）城镇化速度慢、水平低，辐射带动能力弱

从城镇化进程看，贵州省由于受自然条件约束，加之经济发展滞后、工业化水平较低，第二、第三产业特别是工业化对城镇化的支撑和带动能力不足，贵州省城镇化一直处于缓慢推进的状态。改革开放以来，贵州省城镇化率年均增速仅为 0.69%，显著低于全国 1.01% 和西部地区 0.89% 的城镇化率年均增速；截至 2015 年，贵州省城镇化率仅为 42.01%，与全国城镇化率之间的差距由 1978 年的 5.86 个百分点、2000 年的 12.26 个百分点，扩大到 2015 年的 14.09 个百分点（见图 2 -9）。

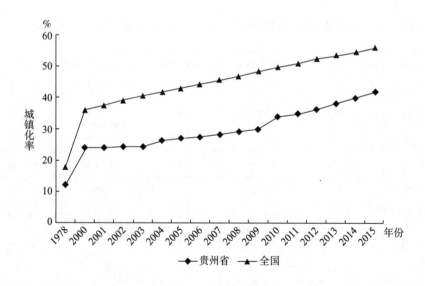

图 2 -9   贵州省与全国城镇化水平比较

资料来源：《贵州统计年鉴》（相关年份）和《中国统计年鉴》（2016）。

从城镇化水平看，无论是在城市数量、规模等级、城镇体系，还是经济发展水平、城市建设等方面，贵州省城镇化都处于较低水平。在城市数量方面，2015年贵州省总人口约3529.5万人，有城市13座，平均每百万人拥有城市0.37座，在周边省份中每百万人拥有城市数量最低，更低于发达地区（如江苏、山东）每百万人拥有0.5座城市的水平。在等级规模方面，目前贵州省有地级市6座、县级市7座，地级市数量仅为四川的1/3，广西、湖南的不到1/2；百万人口以上的特大城市仅有贵阳市、遵义市2座，而四川有12座，湖南有5座、广西有7座（见表2-3）。

表2-3　贵州省与其他部分省份城市发展情况比较（2015年）

项目 地区	城市数量（座）			每百万人拥有城市数（座/百万人）	百万人口以上城市(座)
	地级市	县级市	总数		
湖南	13	16	29	0.43	5
广西	14	8	22	0.46	7
四川	18	16	34	0.41	12
贵州	6	7	13	0.37	2
云南	8	14	22	0.46	1
江苏	13	21	34	0.43	11
山东	17	28	45	0.46	13

资料来源：根据《中国统计年鉴》（2016）和《贵州统计年鉴》（2016）计算整理。

　　在城镇体系方面，贵州省大城市缺位，中、小城市数量严重不足，城镇体系很不完善。更为重要的是，受地形地势、生态环境、交通条件等因素影响，贵州省城市布局较为分散，区域发展很不平衡。一方面，经济极化现象非常明显，全省40%以上的GDP由贵阳、遵义贡献，且各地产业与人口仍在不断向贵阳聚集；另一方面，省际边界城市受临近省份经济发展的吸引，普遍存在着离心化现象，各城市之间包括其与中心城市贵阳之间的内在经济联系较弱，远未形成像长株潭那样具有较强影响力的城市群。在城市经济方面，2015年，贵州省首位城市贵阳的地区生产总值达到2891.16亿元，尽管如此，也仅为同期南宁地区生产总值的84.78%，昆明的72.82%，长沙的33.97%，成都的26.76%，首位城市的辐射带动能力较弱。在城市建设方面，目前贵州省供水、燃气、道路、交通、绿化等城市基础设施和城市公用事业建设都明显落后于全国的平均水平（见表2-4）。

　　如上所述，目前贵州省城镇化的突出特点主要表现为："慢"，即城镇化速度慢、水平低；"小"，即城市规模小、等级低；"弱"，即工业化滞后，经济基础薄弱；"散"，即城市布局分散，内在经济联系不紧密。城镇数量少，规模等级低，经济总量小，首位城市弱，城镇体系很不完善，具有紧密联系的城镇群尚未形成，缺乏区域核心增长极，城镇化总体处于较低水平，经济发展和吸纳就业的空间非常有限，难以充分发挥城镇对区域经济社会发展的辐射带动作用。

表2－4　贵州省与全国城市基本建设情况比较（2015年）

地区	城市用水普及率（％）	城市燃气普及率（％）	每万人拥有公共交通车辆（标台）	人均城市道路面积（平方米）	人均公园绿地面积（平方米）	每万人拥有公共厕所（座）
全国	98.1	95.3	13.3	15.6	13.3	2.7
贵州	94.8	76.5	11.2	12.0	12.1	2.3
贵州/全国（％）	96.64	80.27	84.21	76.92	90.98	85.19

资料来源：根据《中国统计年鉴》（2016）和《贵州统计年鉴》（2016）计算整理。

（四）贫困程度深，贫困面广，城乡二元结构突出

贵州省是全国贫困人口最多、贫困面最广、贫困程度最深的省份。2015年，贵州省农民人均纯收入7387元，仅相当于全国平均水平的64.67％，处于全国倒数第二位（仅高于甘肃的6936元）；与全国农民人均纯

收入的绝对差距由 1978 年的 26 元、2000 年的 879 元扩大到 2015 年的 4035 元（见图 2 - 10）。2015 年全省贫困人口 493 万，占全国贫困人口总量的近 1/10，贫困人口数量及贫困发生率在全国各省（直辖市）中均居首位。在全国"11 + 3"连片特困地区中，贵州涉及其中的三个片区——武陵山区、乌蒙山区、滇黔桂石漠化区，波及贵州 65 个县级行政区、1162 个乡、14451 个村，覆盖全省区、乡、村总数的 73.9%、80.4% 和 82.3%，面积达 14.2 万平方千米，占贵州省总面积的 80.7%。除了连片特困地区，贵州省深度贫困区域还散布在三大片区之外的 18 个县，包括 276 个贫困乡、2406 个贫困村，片区内外的贫困乡、贫困村几乎覆盖全省。

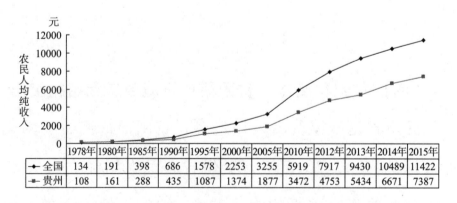

	1978年	1980年	1985年	1990年	1995年	2000年	2005年	2010年	2012年	2013年	2014年	2015年
全国	134	191	398	686	1578	2253	3255	5919	7917	9430	10489	11422
贵州	108	161	288	435	1087	1374	1877	3472	4753	5434	6671	7387

图 2 - 10   贵州与全国农民人均纯收入比较

资料来源：各年份《中国统计年鉴》与《贵州统计年鉴》。

　　贵州省也是全国城乡二元结构最突出的省份之一。从城乡居民收入看，改革开放以来，贵州省农村居民收入虽然得到较快增长，以不变价格计算，30 多年来人均纯收入增加 5 倍还多，但其增长速度仍然落后于城镇居民，城乡居民收入差距不断拉大（见图 2 - 11）。2015 年，贵州省农村居民人均纯收入为 7387 元，城镇居民人均可支配收入为 24579 元，二者的绝对差距达到 17192 元，是改革开放以来差距最大的一年。城乡居民收入比由 1978 年的 2.39∶1 扩大到 2015 年的 3.33∶1，

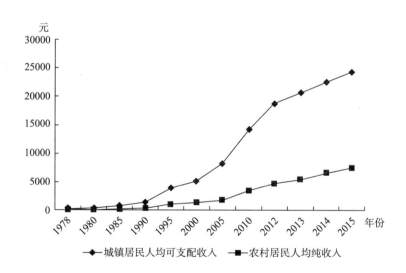

图 2 - 11　贵州省城乡居民人均收入比较

资料来源：各年份《中国统计年鉴》与《贵州统计年鉴》。

高于全国城乡居民收入比 3.10∶1 的平均水平。从城乡居民生活看，2015 年贵州省农村居民家庭恩格尔系数为 39.8，不仅高于全国农村居民 33.0 的平均水平，也高出贵州省城镇居民家庭恩格尔系数 5.8 个百分点。如果再综合考虑城乡之间在基础设施建设、公用事业发展、文化医疗教育以及居民享有福利等方面的差距，贵州省城乡二元结构将表现得更加突出。

数量庞大的贫困人口，异常突出的城乡二元结构，不仅显著制约了贵州经济的发展，也严重影响着社会的和谐稳定。

（五）文化教育落后，科技人才匮乏，公共服务建设滞后

贵州省是全国文化教育最落后的省份之一。从文化教育投入来看，2010 年贵州省中小学生人均财政教育经费仅为 0.45 万元，在全国位居倒数第二位，不仅远远低于全国和东部地区平均水平，与西部地区的平均水平相比也仅为其 1/2；除贵阳外，其他地区的人均文化投入也都不到全国平均水平的一半；2015 年，人均科技财政支出仅为 166 元，仅为全国平均水平的一半。从

文化教育产出来看，2015 年贵州省基础教育阶段每十
万人口小学在校生数达 9872 人，每十万人口初中在校
生数达 5643 人，每十万人口高中在校生数达 4683 人，
中小学生师比为 17.11，高于全国平均水平。但是每十
万人口大学生在校生数为 1819 人，仅为全国平均水平
的 72%，反映出贵州省高等教育水平有待提升。反映
文化产出水平的广播节目人口覆盖率为 92.30%，低于
全国平均水平 5.87 个百分点，在全国各省份排名最末；
电视节目人口覆盖率为 95.97%，低于全国平均水平
2.8 个百分点，在全国各省份中仅高于西藏，排名倒数
第二位（见表 2 - 5）。

表 2 - 5　贵州省与全国科技教育文化水平比较（2015）

类别	指标	贵州	全国
科技	人均科技财政支出（元）	166	246
	R&D 人员占总人口比重（%）	0.07	0.27
	人均 R&D 经费（元）	177	1031
教育	中小学生均财政教育经费（万元）	0.81	2.00
	中小学生师比	17.11	14.49
	每十万人口小学在校生数（人）	9872	7086
	每十万人口初中在校生数（人）	5643	3152
	每十万人口高中在校生数（人）	4683	2965
	每十万人口大学生在校生数（人）	1819	2524

续表

类别	指标	贵州	全国
文化	广播节目人口覆盖率（%）	92.30	98.17
	电视节目人口覆盖率（%）	95.97	98.77
	有线广播电视入户率（%）	33.10	54.63

资料来源：根据《中国统计年鉴》（2016）计算。

文化教育水平的落后，使得贵州省人口素质偏低、科技人才匮乏、创新能力羸弱。2010年，贵州省15岁及以上人口平均受教育年限仅为7.19年，低于全国平均水平1.71年。每万人拥有科学家与工程师17.27人，仅为全国平均水平（42.92人）的40%，西部地区平均水平（22.13人）的78%。2015年，大中型工业企业R&D人员、R&D经费和项目数三项指标均低于周边五个省份，分别只占全国的0.57%、0.46%和0.52%。专利申请数和有效发明专利数均低于周边省份，仅分别占全国的0.59%和0.71%（见图2-12）。

贵州省医疗卫生及社会保障服务与全国其他地区的差距也非常突出。2015年，贵州省人均社会保障财政支出仅为964元，约为全国平均水平的72%。每千人口卫生技术人员5.30人，低于全国平均水平。失业保险、医疗保险参保人数分别占贵州总人口的5.82%、

27.07%，仅分别为全国平均参保水平的 45.50%、57.18%（见表 2－6）。

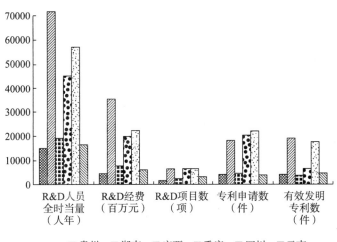

图 2－12　2015 年贵州省与周围省份科技研发情况

资料来源：根据《中国统计年鉴》（2016）计算。

表 2－6　贵州省与其他地区医疗卫生及社会保障服务比较（2015）

指标	贵州	全国			西部均值	东部均值
		最大值	最小值	均值		
人均医疗卫生经费（元）	1022	1938	643	989	1115	1021
每千人口医疗卫生机构床位（张）	5.57	6.37	4.02	5.13	5.36	4.71
每千人口卫生技术人员（人）	5.30	10.40	4.40	5.94	5.76	6.52
人均社会保障财政支出（元）	964	3227	890	1640	1866	1528

续表

指标	贵州	全国			西部均值	东部均值
		最大值	最小值	均值		
养老保险参保人数占总人口比重（%）	46.72	55.29	3.29	34.40	38.76	25.71
失业保险参保人数占总人口比重（%）	5.82	49.86	3.51	12.79	8.22	21.54
医疗保险参保人数占总人口比重（%）	27.07	100.00	19.09	47.34	40.77	64.19
城镇登记失业率（%）	3.29	4.47	1.39	3.25	3.30	3.02

资料来源：根据《中国统计年鉴》（2016）计算。

总体来说，贵州省文化教育落后，科技人才匮乏，创新能力羸弱，医疗卫生和社会保障等公共服务整体处于一种低水平发展的状态。

（六）交通运输难，物流成本高，基础设施薄弱

西部大开发战略实施以来，贵州省基础设施建设虽然取得明显成就，但相对于全国大多数省份，基础设施依然薄弱。公路方面，截至 2015 年年末，贵州省公路通车里程已经达到 18.64 万千米，但等级公路仅占64.70%，和全国（88.40%）相比落后了 23.7 个百分点。此外，全省还有 3% 的乡镇和 70% 的建制村没有通油路，与省外沟通的部分主要通道也尚未打通，公路技

术标准低、通达程度差、通行能力弱，路网升级改造任务繁重。铁路方面，到 2015 年贵州省铁路营业里程 2810 千米，但路网密度小、布局不完善、技术等级低、通过能力差，铁路建设总体落后的面貌并没有得到根本改变。水运方面，2010 年年末贵州省实际通航里程达到 3563 千米，其中等级航道占 64.6%，仍然有超过 1/3 的航道（1262 千米）为等外级航道，水运优势难以体现。水利方面，贵州省是工程性缺水严重的地区，生态环境比较脆弱，特殊的省情、水情决定了水利在贵州省经济社会发展中具有极其重要的地位。2015 年年底贵州省有效灌溉面积 150.66 万公顷，占耕地总面积的 33.18%，仅为全国平均水平（43.05%）的 77.07%，有效灌溉率在全国各省份中排名最低，目前全省还有 1300 万农村人口饮水安全得不到保障，水利建设欠账较多。信息化方面，近年来贵州省信息化发展指数（IDI）在全国排名一直维持在第 29—30 位，仅略高于西藏。

由于基础设施薄弱，交通运输难，近十几年来，贵州省物流成本一直居高不下并节节攀升。西部大开发以前，由于自然与历史原因，贵州省交通基础设施一直非常薄弱。公路总里程由 1978 年的 2.60 万千米增加到 1999 年的 3.40 万千米，20 多年间仅增加了 0.8 万千米。西部大开发以后，贵州省交通基础设施建设步伐加快，公路里程年均增加 1 万多千米，到 2013 年公路总里程已经达到 18.64 万千米。但由于现代物流业发展缓慢，物流体系建设滞后，公路运营、交通组织、运输管理等方面的总体水平较低，物流成本不断攀升。1998—2015 年，贵州省交通运输业增加值占地区生产总值的比重由 3.39% 迅速上升到 8.76%，而同期全国范围内交通运输业增加值占 GDP 的比重却一直维持在 5%—6% 之间（见图 2-13）。也就是说，目前贵州省每单位 GDP 所包含的交通运输费用约为全国平均水平的 2 倍。交通运输难、物流成本高、基础设施薄弱已经成为制约贵州省经济社会发展的重要瓶颈。

（七）石漠化分布广、程度重，生态环境脆弱

贵州属于喀斯特地区，石漠化现象非常严重。据统计，全省有喀斯特岩溶出露面积 10.91 万平方千米，约占贵州全省面积的 61.92%；石漠化面积 3.76 万平方千米，占全省面积的 21.34%，占喀斯特岩溶面积的

34.47%；潜在石漠化面积3.4万平方千米，占全省面积的19.31%，占喀斯特岩溶面积的31.19%（见图2-14）；石漠化面积大于300平方千米的县有48个，岩溶分布面积比重和石漠化面积比重均居全国各省份之首。

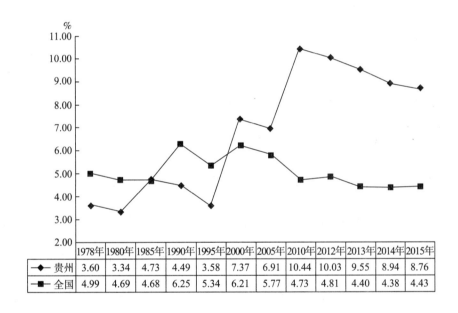

	1978年	1980年	1985年	1990年	1995年	2000年	2005年	2010年	2012年	2013年	2014年	2015年
贵州	3.60	3.34	4.73	4.49	3.58	7.37	6.91	10.44	10.03	9.55	8.94	8.76
全国	4.99	4.69	4.68	6.25	5.34	6.21	5.77	4.73	4.81	4.40	4.38	4.43

图2-13　贵州省与全国交通运输强度比较

注：交通运输强度为地区交通运输业增加值占地区生产总值的比重，在一定程度上可以反映地区交通运输成本的大小。

资料来源：各年份《中国统计年鉴》与《贵州统计年鉴》。

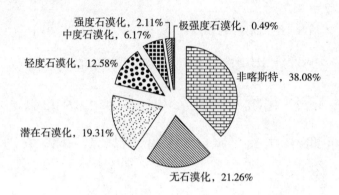

图 2 - 14　贵州不同石漠化等级占全省面积的比重

资料来源：根据熊康宁、李昆《贵州省石漠化治理战略研究》以及相关资料整理计算。

在贵州石漠化面积中，中度及以上石漠化面积也很多，包括中度石漠化面积 10869 平方千米，强度石漠化面积 3715 平方千米，极强度石漠化面积 857 平方千米。这类土地类型遍布贵州全省，尤其在贵州中部、西部和南部的纯石灰岩和白云岩地区集中连片分布，治理和恢复的难度很大。而石漠化严重地区，往往也是生态最脆弱、人口最贫困的地区。

贵州省自实施退耕还林、天然林保护等生态建设工程以来，石漠化趋势得到一定程度的缓解。但由于农村人口规模大（占全省总人口的 66.2%），农业土地稀少（只占全省面积的 2.3%），人地矛盾尖锐，贵州省毁林毁草开荒、过度垦殖、过度放牧等现象都非常严重，导致植被破坏，水土流失，土地石漠化仍然以每年900多平方千米的速度推进。石漠化蔓延给贵州带来了大量的自然灾害，据统计，目前贵州每年水土流失面积达到6万平方千米，森林大面积消失，土地退化严重，洪涝灾害更趋频繁，生态环境十分脆弱。同时，与我国其他地区类似，贵州农业的化肥农药超量使用现象十分严重，化肥农药使用量大、强度高、效率低，严重威胁农业安全和生态安全，再加之石漠化蔓延，使之陷入"越穷越垦、越垦越穷"的恶性循环中，产生更为严重的生态危机。

三　贵州发展落后的原因分析

贵州经济社会发展过程中出现的上述问题是由多种原因造成的，既有自然环境的先天不利，又有战略规划的后天失策，既有外在原因，又有内在因素。可以说，贵州的贫困落后是一种综合征，是各方面因素交互作用形成的。

（一） 自然条件先天不足、生态环境脆弱

贵州是世界上喀斯特地形发育最强烈的地区，全省地貌可概括为高原、山地、丘陵和盆地四种类型，山地和丘陵最多，占省域面积的92.5%，境内山岩连绵起伏、重峦叠嶂，超过万亩以上的坝子仅有47个。这样的地形条件严重阻碍了贵州与外界人流、物流等方面的顺畅联系，大大增加了基础设施、城市建设、产业发展的综合成本，也从建设用地、产业用地等方面极大制约了贵州城市发展与工业发展的空间，对推进工业化和城镇化产生了明显的抑制作用。同时，贵州也是全国唯一没有平原支撑的省份，素有"八山一水一分田"之说，耕地少，土层薄，人口一直处于超载状态，在这种背景下，毁林开荒、过度垦殖现象严重。突出的人地矛盾加重了贵州生态环境的脆弱性，引发了石漠化等一系列生态环境问题，也成为造成地区贫困的重要原因。

（二） 在国家战略布局中处于不利地位

改革开放以来，国家强调经济效率目标，实行梯度推移战略，率先把体制改革、对外开放、资金和政策支

持重点放在条件较好的东部沿海地区。自 20 世纪 90 年代之后，国家相继扩大了沿江、沿边和内陆省会（首府）城市的对外开放，近年来又采取诸多措施加快中西部地区开发开放步伐。在实施西部大开发过程中，国家采取了突出重点的战略思路，把支持重点集中在成渝、关中—天水、北部湾地区以及沿边地区。贵州省虽然地处西部地区，且经济社会发展落后，但由于不沿海、不沿边、不沿江，又不属于西部重点经济区，基本上处于被国家政策"遗忘"的角落，一直缺乏国家宏观战略的有力支持。在国家产业布局上，贵州长期被定位于产业链低端。

国家对贵州的支持力度不够。从表 2-7 中可以清楚地看出，长期以来，贵州省人均占有国家预算内资金不仅低于东部地区，也低于东北和中西部地区平均水平。即使到 2010 年，贵州省人均占有国家预算内资金相对水平也只有 77（以全国平均水平为 100），既低于东北部和中部地区，更是落后于西部平均水平。2015 年，贵州省人均占有国家预算内资金有所提升，但仍低于西部地区的平均水平。

表 2 - 7　　贵州与各地区人均占有国家预算内资金比较

地区	1995 年		2000 年		2005 年		2010 年		2015 年	
	人均资金（元）	相对水平	人均资金（元）	相对水平	人均资金（元）	相对水平	人均资金（元）	相对水平	人均资金（元）	相对水平
全国	40.6	100	123.1	100	317.7	100	1094.6	100	2249.7	100
东部	84.7	209	162.5	132	307.6	97	706.5	65	2158.0	96
东北	31.1	77	106.2	86	347.8	109	1145.7	105	1590.7	71
中部	32.2	79	94.8	77	246.8	78	1059.5	97	1728.7	77
西部	103.2	254	242.6	197	722.9	228	2285.8	209	6161.3	274
贵州	11.4	28	76.1	62	117.7	37	839.6	77	1694.7	75

资料来源：根据《中国统计年鉴》（各年度）计算。

（三）一再坐失良机

历史地看，贵州始终没有形成一条适合自己的发展道路。计划经济时期，在以农为纲的时代，兴修水利，平整土地，但先天不足的地理环境造成水土流失频繁发生，农业粗放经营的结果得不偿失。三线建设时期，尽管大量工业企业入黔，但并未与当地经济社会很好地融合，没有起到带动贵州经济社会快速发展的作用。改革开放初期，沿海地区凭借区位、低地价、低工资、税收优惠等条件，大量招商引资，取得先发优势。贵州地处内陆，在各方面都不占优势的情况下丧失了第一轮发展机会。实施西部大开发以来，西部各省份纷纷加快工业化和城镇化步伐，而贵州省在 2010 年前一直没有对工业在全省发展中的战略作用给予明确定位，缺乏对发展现代绿色新型工业体系的中长期规划和战略部署，导致工业化进程缓慢，对城镇化的支撑和带动能力不足。而城镇化的滞后又反过来制约了经济发展的空间。

（四）投入严重不足

自改革开放以来，贵州省固定资产投入长期不足，一直处于短缺状态。从图 2 - 15 中可以看出，自 1981 年以来，贵州省人均全社会固定资产投资与全国平均水平的绝对差距在不断扩大，其相对水平一直在 40% 左右徘徊（全国为 100%）。由于长期投资不足，各种基础设施严重滞后，投资对经济增长的拉动乏力。2015 年，全国资本形成对经济增长的贡献率达 66.0%，其中东部地区为 50.6%，中部地区为 60.0%，东北地区为 59.8%，西部地区为 82.4%，贵州为 67.6%（见图 2 - 16），不仅低于全国平均水平，更是低于西部地区平均水平近 15 个百分点。之所以出现这种情况，主要是由于贵州的投资和出口规模较小，且增长乏力，难以拉动经济增长。

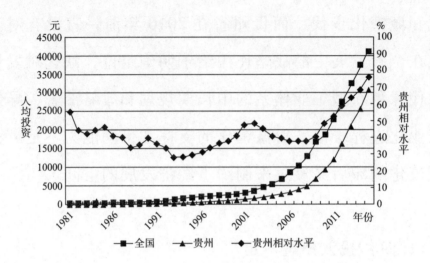

图2–15 贵州省人均全社会固定资产投资及其相对水平的变化

资料来源：根据《新中国六十年统计资料汇编》、《中国统计年鉴》（2016）和《贵州统计年鉴》（2016）整理。

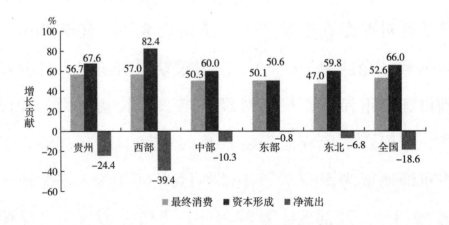

图2–16 2015年各地区生产总值增长来源

资料来源：根据《中国统计年鉴》（2016）计算整理。

第三章　贵州实现绿色转型发展的条件分析

"十二五"时期，贵州省已经由缓慢发展阶段逐步过渡到快速发展阶段，特别是 2014 年贵州省被列为全国生态文明先行示范区以来，已经进入到全面加速发展和绿色跨越发展的新时期，基本具备了承担"赶"和"转"双重任务的条件。未来 5—15 年将是贵州省与全国同步全面建成小康社会的决战期，是实现"科学发展、后发赶超"、加快迈向社会主义现代化的关键时期。贵州省实现绿色跨越赶超和尽快走上富裕之路，有利于探索资源能源富集但经济欠发达地区的绿色发展新道路，有利于探索形成重要生态地区可供借鉴和推广的生态文明制度建设新成果，将不仅对生态脆弱地区的绿色转型发展产生重要的示范作用，也将对国家深入推进西部大开发战略及建设社会主义现代化强国的战略目标发挥重要作用。

一　贵州处于工业化和城镇化双加速时期

发达国家和地区的历史经验表明，经济发展具有阶段性，并因而呈现出不同的发展中问题和阶段性特征。贵州要对未来的发展战略做出正确判断与选择，就必须清醒地分析和认识当前所处的发展阶段和发展中问题。

（一）经济发展处于中下收入阶段

根据世界银行对各经济体的划分标准：2010 年人均国民总收入（GNI）在 1005 美元或以下者为低收入经济体；人均 GNI 在 1006—3975 美元者为中下收入经济体；人均 GNI 在 3976—12275 美元者为中上收入经济体；人均 GNI 在 12276 美元或以上者为高收入经济体。2015 年，贵州省人均 GDP 为 29847 元，如果按当年平均汇价 1 美元等于 6.8345 元人民币计算，则贵州省人均 GDP 为 4367.11 美元①，已经进入中下收入经济社会，为未来实现跨越发展奠定了基础。

（二）工业化处于初期阶段

一般认为，工业化的标志主要包括四个方面：一是人均生产总值，或劳动生产效率的提高；二是工业和服务业占生产总值比重的上升；三是农业劳动力不断向非农领域转移；四是工业内部结构中初级产品比重下降。美国经济学家钱纳里等（1995）通过对世界各国工业化进程进行严谨的计量分析，将工业化划分为初期、中期和后期三个阶段。表 3－1 为有关研究按国际经验估算的各工业化阶段标志值。

表 3－1　　　　　　　　工业化不同阶段的标志值

工业化阶段	工业化起始阶段	工业化实现阶段			后工业化阶段
		初期	中期	后期	
人均 GDP（美元）	770—1540	1541—3080	3081—6160	6161—11550	11551 及以上

①　国民总收入（GNI）为一个国家一年内用于生产的各种生产要素所得到的全部收入，GNI＝GDP＋来自境外净要素收入。对于欠发达地区来说，人均 GDP 通常要大于人均 GNI。

续表

工业化阶段	工业化起始阶段	工业化实现阶段			后工业化阶段
		初期	中期	后期	
产业结构	第一产业占绝对支配地位，S＜20%	P＞20%，S值较低，但超过20%	P＜20%，S＞T且在GDP中最大	P＜10%，S值保持最高水平	S值相对稳定或下降，T＞S
农业从业人员比重	61%及以上	46%—60%	31%—45%	11%—30%	10%及以下
工业内部结构	—	以原料工业为中心的重工业化	以加工装配工业为中心的高加工度化	技术集约化	—

注：表中各工业化阶段对应的人均GDP是按照钱纳里等人的工业化阶段标准，依据世界银行提供的美国CPI指数，重新测算的2009年标准；表中P、S、T分别代表第一、第二、第三产业在GDP中所占的比重。

资料来源：根据魏后凯、陈耀主编《中国西部工业化与软环境建设》（2003）整理。

对照上述标准，2015年，贵州省人均地区生产总值为4367.11美元，处于工业化初期阶段；三次产业结构为15.6∶39.5∶44.9，不符合任何工业化阶段的标准，反映出贵州产业结构极不协调、亟须调整的现实；农业从业人员占所有从业人员的比重达到60%以上，具有工业化起始阶段的特征；主要工业产业为煤炭、电力、烟酒、化工、有色金属冶炼等，增加值总额占规模以上工业企业增加值的80%以上，工业结构以原料工

业为主，表现出典型的工业化初期阶段特征。综合各种
指标分析，目前贵州总体上仍处于工业化初期阶段的中
间阶段（见图3－1）。

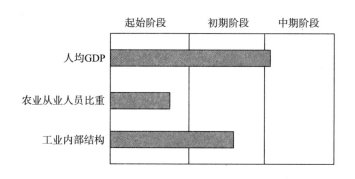

图3－1   根据不同标准判断的贵州工业化阶段

对147个国家截面数据和伦敦、纽约、巴黎、东京
等国际大都市时间序列数据的研究表明，随着人均收入
水平的提升，工业增加值比重呈倒"U"型的发展趋
势。当人均收入在5000美元以下时，工业增加值比重
呈上升趋势；当人均收入在5000—10000美元时，工业
增加值比重大体保持稳定；当人均收入超过10000美元
时，工业增加值比重趋于下降（魏后凯、陈耀，
2003）。这表明，在今后相当长一段时期内，贵州将处
于工业化加速推进时期，其工业增加值和就业比重将会
大幅度提高。

（三）城镇化进入加速推进阶段

1975 年美国地理学家诺瑟姆（Ray M. Northam）通过研究世界各国的城镇化轨迹，把城镇化进程总结概括为一条稍被拉平的"S"型曲线（周一星，1995），即：城镇化水平低于 30% 时为城镇化起步阶段，也称初期阶段；城镇化水平介于 30%—70% 时为城镇化快速发展阶段，也称中期阶段；城镇化水平大于 70% 时为成熟和稳定阶段，也称后期阶段（见图 3－2）。根据国内外经验，当城镇化率处于 30%—50%，城镇化将

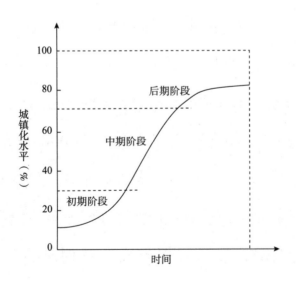

图 3－2　城镇化进程的"S"型曲线

加速推进。2015 年，贵州城镇化水平达到 42%，已经越过 30% 的拐点，进入城镇化加速推进的时期。

综上所述，目前贵州已经进入工业化和城镇化双重加速阶段，正处于跨越发展的历史新时期。

二　跨越式绿色发展是打破贫困超稳态的必然选择

改革开放以来，贵州经济社会发展的基本特征可以用"低""稳"两个字来概括。所谓"低"就是低水平。虽然近年来贵州省各项人均指标、综合发展指数、人类发展指数（HDI）、全面小康指数等在全国排名有所提升，但仍处于全国的最底层。其中，2015 年贵州省人均 GDP 居全国第 29 位，城镇居民人均可支配收入居全国第 28 位，农民人均纯收入和城镇化率居第 30 位。所谓"稳"就是"超稳态"。虽然近几十年来贵州经济发展取得的成就十分显著，但贵州各种人均和总量指标目前大都稳居全国的最下游。显然，要打破这种低水平、贫困落后的超稳态，关键是要实现跨越式绿色发展，而目前贵州省已经到了实现跨越发展的关键时期。

表 3-2   贵州主要发展水平指标在全国和西部地区排名的变化

	2006 年全国排名	2006 年西部排名	2010 年全国排名	2010 年西部排名	2015 年全国排名	2015 年西部排名
人均 GDP	31	12	31	12	29	11
城镇居民人均可支配收入	27	8	27	9	28	11
农民人均纯收入	31	12	30	11	30	11
城镇化率	31	12	30	11	30	11

资料来源：根据《中国统计年鉴》（各年度）数据整理。

1. 中国经济发展进入重要的转型期，要求贵州尽快实现跨越式绿色发展

目前中国经济发展已经进入重要的转型期。首先，区域经济由不均衡发展向相对均衡发展加快转型。沿海产业、资本加速西进，中西部经济增长加快，东西相对差距呈现缩小态势，多元化区域竞争格局正在形成。"十二五"期间，东部地区 GDP 增速为 8.28%，而东北、中部和西部地区分别为 6.24%、8.90% 和 9.67%。2015 年，东部地区中北京、上海、浙江和广东的 GDP 增速分别为 9.09%、6.96%、7.33% 和 8.16%，而中西部地区中重庆为 11.94%，四川、贵州和内蒙古为 9.34%、16.50% 和 5.56%，陕西为 9.55%，安徽、湖北和青海为

9.51%、10.76%和9.68%，中西部地区经济增速已经明显超过了东部地区。其次，经济发展方式由粗放、低效向集约、绿色加快转型。贵州正处于经济发展加速期，且拥有"长江珠江上游重要生态安全屏障"的独特优势，具有实现跨越式绿色发展的重大机遇与基础。因此，无论是从宏观发展趋势，还是自身发展的内在要求，贵州省都应加快实现跨越式绿色发展。

2. 中央提出新十年西部大开发要上"三大台阶"的目标，要求贵州实现跨越式绿色发展

国家深入推进西部大开发战略，明确西部大开发在我国区域发展战略中的优先地位，对促进社会和谐发展及可持续发展意义重大。在今后十年，西部大开发的总体目标是：西部地区综合经济实力迈上新台阶，产业转型升级取得实质性进展，具有西部特色的现代产业体系基本形成；人民生活水平和生活品质迈上新台阶，公共服务体系更加健全，公共服务能力进一步增强，与东部地区的民生发展差距明显缩小，解决区域性贫困问题；生态环境保护迈上新台阶，重点生态区治理取得积极进展，生态环境恶化趋势得到遏制，生态环境质量取得实

质性改善。① 贵州是多民族聚居地区、集中连片贫困地区，也是西部地区经济发展的短板之一，同时还承担着"长江珠江上游重要生态安全屏障"的重要任务，在实现我国区域协调发展、社会和谐与可持续发展中具有特殊地位。如果贵州不尽快实现富裕和跨越赶超，从根本上改变贫困落后面貌，必将拉大与西部省份的发展差距，严重影响西部大开发的整体进程。因此，为实现西部大开发十年要上"三大台阶"的目标，贵州省必须加快实现跨越式绿色发展。

3. 全面建成小康社会和基本实现现代化的总体目标要求贵州加快实现跨越式绿色发展

改革开放以来，虽然贵州经济社会发展成绩显著，但贵州很多经济社会指标仍处于全国末位或居于省份排名的最下游，且绝对差距仍在持续扩大。据国家统计局发布的数据，2009 年全国全面建设小康社会实现程度是 77.1%，而贵州省仅为 59.4%，低于全国平均水平17.7 个百分点。2010 年，贵州全面建设小康社会实现程度突破 60%，但与全国（80.1%）相比仍至少落后

---

① 《西部大开发"十三五"规划》（发改西部〔2017〕89 号），http：//www. h2o－china. com/news/252959. html。

8 年，与西部平均（71.4%）相比至少落后 2—3 年。另据测算，2008 年中国综合现代化指数为 41，但贵州省仅为 28，至少落后于全国平均水平 7 年以上（何传启，2011）。从现在起到 2020 年是我国迈向全面建成小康社会战略目标的冲刺阶段，如果贵州省不尽快实现跨越赶超，必将拉大与全国其他省份的发展差距，深陷"贫困陷阱"，影响全面建成小康社会的目标和基本实现现代化目标的最终实现。因此，为确保在 2020 年与全国同步建成全面小康社会、到 2050 年基本实现现代化，贵州省必须加快实现"非常规"的跨越式绿色发展。

三　贵州已经具备绿色转型发展的基础条件

2012 年，国务院颁布了国发 2 号文件指出，贫困落后是贵州的主要矛盾，加快发展是贵州的主要任务，要求贵州努力走出一条符合自身实际和时代要求的后发赶超之路。这就为贵州实现跨越发展提供了良好契机。贵州省随后也明确了"科学发展、后发赶超"的发展主题和"赶""转"结合的双重任务。目前，贵州已经具备了全面加速和跨越发展的基础条件。

1. 经过改革开放 40 年的发展，贵州已经进入加速发展的新阶段

从全国来看，改革开放 40 年来，中国经济社会发展迅速，区域经济发展已经步入重要的拐点时期。对中西部落后地区来说，这一时期是实行"弯道超车"、跨越赶超的最佳时期。从贵州自身发展来看，西部大开发战略实施以来，贵州经济已经呈现出良好的发展态势。"十二五"时期，贵州实现地区生产总值年均增长16.5%，高于"十五"时期的平均增速12.6%。这期间，贵州地区生产总值、财政一般预算收入、全社会固定资产投资等指标均实现了总量翻番。伴随着经济的快速发展，贵州综合发展指数从 2001 年的 29.93 提升到2010 年的 48.25，在全国的位次由第 31 位提升到第 27位。经济社会进入加速发展的新阶段。

2. 交通大发展，为贵州实现跨越发展提供了有利条件

"十二五"以来，贵州交通大发展，开工建设了贵广快速铁路，贵阳至成都、贵阳至重庆高速铁路，以及贵阳至长沙、贵阳至昆明客运专线，公路通车里程大幅

增长，交通运输网络不断完善。这些交通基础设施的建设，将大大改变贵州"偏远"的区位条件，缩短贵州到沿海主要经济区的时间距离，增强贵州与珠三角、成渝、长株潭的经济联系，促进区域经济的一体化进程，为贵州大规模承接沿海产业转移、发展旅游商贸等现代服务业、实现跨越式发展提供有利条件。

3. 国内外产业调整和转移步伐加快，为贵州实现跨越发展创造了良好契机

国际金融危机以后，各主要经济体都面临经济结构的调整和转型，国内外产业转移步伐明显加快。在此宏观背景下，中国东部沿海发达地区的产业、资本加速西进，要素资源寻求在更大范围内实现优化配置。贵州能源资源丰富，劳动力供应充裕，加上已有一定的产业基础，基本具备了大规模承接沿海产业转移的条件。因此，抓住沿海地区转型升级和产业转移的机会，依托特色产业发展和承接产业转移，全面实施工业强省战略，构建具有贵州特色的现代绿色产业体系，将为贵州实现跨越发展和经济起飞提供强有力的产业支撑。

4. 国发2号文件的出台，为贵州实现跨越发展提供了强大的政策支撑

贵州不沿海、不沿边、不沿江，地理位置相对偏僻，自改革开放以来基本上处于被国家政策"遗忘"的角落，缺乏国家政策和资金的强力支持。近年来，为深入实施西部大开发战略，国家日益高度重视贵州的发展问题，政策和资金支持力度明显增强。特别是国发2号文件，明确了"加速发展、加快转型、推动跨越"的主基调，确立了贵州省的发展战略定位，阐述了8个方面的重点任务，并从财税、投资、金融、产业、土地、人才、对口支援7个方面提出了具有较高"含金量"的扶持政策，这对新时期贵州加快发展提供了有力的支持，宏观政策环境有利于贵州实现跨越发展。

四　贵州实现绿色转型发展的优劣势分析

贵州省比较优势明显，后发优势突出，宜人的气候、优美的风景、丰富的自然和人文资源和较低的生产要素成本，再加上后发优势，为今后贵州实现跨越式绿色发展奠定了良好的基础。

（一）优势条件

贵州省气候适宜，风景优美，自然和人文资源丰富，生产要素成本较低，加上国家生态文明先行示范区的政策优势和后发优势，为今后贵州实现跨越式发展奠定了良好的基础。

第一，贵州省被列为国家生态文明先行示范区，具有加快绿色发展的政策优势。2014 年，六部委联合发文将贵州省列为国家生态文明先行示范区，要求贵州省把健全生态文明建设长效机制作为工作重点，积极推进制度创新，推动生态文明建设与经济、政治、文化、社会建设高度融合，在生态文明建设绩效考核评价、自然资源资产产权管理和用途管制、生态资源有偿使用、生态补偿机制、生态文明国际交流合作等方面大胆实践、先行先试。并要求国家各部门加大支持力度，指导贵州省生态文明先行示范区建设工作，在规划编制、政策实施、项目安排、体制创新等方面予以积极支持。这为贵州省加快绿色转型发展提供了强有力的政策支持。

第二，气候条件独特，地形以山地为主，气候为亚热带湿润季风气候，两者相得益彰。全省大部分地区年平均气温为 15℃ 上下，无霜期 250—300 天；最冷的 1 月平均气温 4℃—6℃，最热的 7 月平均气温 22℃—25℃，为典型夏凉地区；降水较多，年降水量 1300 毫米左右。由此造成了得天独厚的气候特点：冬无极寒、夏无酷暑、气候宜人、雨量热量丰富、雨热同季、气候立体。这一气候特点塑造了贵州自身的小气候，非常有利于特色农畜产品、药用价值和食疗价值植物的生长。正因如此，贵州的蔬菜、茶叶、马铃薯、精品水果、特色杂粮等农产品都有较高品质。此外，贵州中草药资源非常丰富，"夜郎无闲草，黔地多良药"，全省有药用植物 3924 种、药用动物 289 种，享誉国内外的地道药材有 32 种。

第三，贵州旅游资源丰富，地形独特、多岩溶地貌、降水丰沛，适宜山水旅游，具有潜在的度假养生价值。贵州有"天然大公园"之称，重峦叠嶂，风姿万千，河流蜿蜒曲折，清澈秀丽。贵州河网密布，长度在 10 千米以上的河流有 984 条。喀斯特溶洞广泛存在于贵州全省，人称"无山不洞，无洞不奇"。拥有黄果树、龙宫、织金洞等 18 个国家级风景区，花溪、百里杜鹃等 51 个省级风景区；铜仁梵净山入选世界自然遗产，茂兰喀斯特原始森林等一批国家级自然保护区享誉中外。

第四，贵州的原生态民族文化颇具人文旅游价值。贵州地理环境相对封闭，多民族长期聚居在一起。除汉族外，这里还居住着48个少数民族，每个民族的历史文化和习俗不同，每年的精彩纷呈的民族节日超过1000个。贵州少数民族性格粗犷、热情质朴、能歌善舞，其民族歌舞是贵州民族风情和艺术百花园中的艳丽奇葩。侗家鼓楼和风雨桥、苗族吊脚楼，银饰花带、挑花蜡染，侗族大歌、傩戏歌舞，斗牛大赛，上刀梯、下火海，都令人称赞、心驰神往，可以衍生发展出丰富多彩、体验性强的文化旅游产品。

第五，贵州地质条件复杂，蕴含丰富的矿产资源。在十多亿年的地质演变历史中，良好的成矿条件为贵州带来了丰富的矿藏。贵州矿产资源的特点是：数量大、门类多、分布广、矿种全，优势的储矿条件使贵州成为我国矿产资源大省之一。目前贵州已发现了128种矿种（含亚矿种），矿床、矿点达3000余处。在丰富的矿种中，最具优势的是"煤、磷、铝土矿、汞、锑、锰、金、重晶石、硫铁矿、稀土、镓、水泥原料、砖瓦原料以及多种用途的石灰岩、白云岩、砂岩等"，在全国占有重要地位。比如：稀土储量居全国第二位，总量149.8万吨，占全国总量的47.9%；磷矿储量居全国第三位，总共27.7亿吨，占全国总量的15.9%；重晶石保有储量居全国第一位，存量为1.3亿吨，占全国总量的30.7%；"锰矿保有资源储量9882.5万吨，锑矿保有资源储量26.7万吨，铝土矿资源储量5.1亿吨，分别占全国总量的10.1%、8.1%和16.3%"①。

第六，较低的发展水平使贵州拥有低要素成本和后发优势。贵州劳动力资源丰富，工资成本较低。2015年，贵州省城镇单位就业人员平均工资为59701元，比全国平均水平低3.9%，比上海、浙江、江苏和广东分别低82.9%、11.7%、10.9%和10.2%。同时，贵州能源丰富，电力供应充足，产业用地价格也明显低于珠三角、长三角等地。特别是，国务院批准贵州为全国开发未利用低丘缓坡实施工业和城镇建设试点地区，可以缓解产业用地的供需矛盾，降低用地成本。此外，贵州属于后发地区，具有多方面的后发优势，可以充分借鉴

———————

① 张义学、赵良峰：《黔地优势》，《西部大开发》2011年第9期。

国内外的先进经验、好的做法和管理技术，避免走弯路，实现超常规的跨越式发展。

（二）劣势条件

当前，贵州在实行绿色跨越发展的过程中，也面临着一些劣势条件和制约因素。主题表现在以下几个方面：

一是思想观念落后。长期以来，由于贵州交通不便，加上多山的地形，造成一些地方与外界联系和交流较少，思想观念比较保守，甚至存在因循守旧、故步自封、安于现状、小胜即满的思想，严重制约了改革开放和经济发展，丧失了一次又一次的发展机会。

二是体制机制不活。贵州改革开放严重滞后，至少比东南沿海地区落后10—15年。由此导致管理体制不顺，经营机制不活，制度建设滞后，市场发育不完善，一体化程度较低。体制机制不活已经成为制约贵州省实现跨越式发展的重要因素和拦路虎。

三是各类人才缺乏。贵州文化教育落后，人口素质较低，各级各类人才高度缺乏。第六次人口普查显示，贵州文盲率高达8.74%，是全国平均水平的2.21倍；

大专以上学历 183.9 万人，只占全国的 2.2%。由于缺乏发展机会，长期以来贵州各级各类人才特别是拔尖人才流出的多、进入的少，人才流失现象相当严重，每年考出省的大学生和研究生中回来工作的不多。

四是物流成本较高。贵州地处西南内陆腹地，由于大山隔断、通道不畅，与东部沿海发达地区，三大经济中心城市上海、香港和北京，大西南出海口的经济距离远大于空间距离。因此贵州受到其他国家和我国发达地区的直接辐射较少，也很难参与国际国内分工，产业体系相对封闭。同时，交通不便使得贵州发展经济的物流成本居高不下，阻碍了省内外产业的分工协作，也不利于产业竞争力的提高。

五是产业配套不完善。由于贵州地形破碎和地貌条件十分复杂，地质灾害和水土流失也非常严重，不利于土地的成片开发，难以聚集产业和人口，从而阻碍了工业化和城镇化的推进。而现有产业基础薄弱，产业配套能力较低，产业链条不完整，进一步制约了产业承接和非资源性产业的发展。

第四章 贵州经济社会发展趋势分析与预测

一 理论基础与预测模型

有学者认为，贵州发展落后的主要原因是工业化进展缓慢，而工业化是经济发展的重要支撑，因此加快推进工业化是破解贵州贫困的关键（宋菁，2013）。也有学者强调，在经济发展过程中，工业化和城镇化犹如同生共长的兄弟，"工业化是城镇化的经济内容，城镇化是工业化的空间落实"，二者之间具有互相依存、相互促进的互动发展关系（洪名勇，2015）。大量研究表明，贵州的工业化、城镇化严重滞后。有学者通过对贵州省工业化水平的测度发现，贵州仍处于工业化初级阶段（邢文杰、罗添，2014；洪名勇，2015；金勤勤等，2015）。同周边省份、国内一些发达地区以及全国相比，贵州的工业化处于较低水平（陈霰，2013；王贵方，2015）。贵州省的城镇化同样滞后（谢定国、唐顺鸿，2013；王国勇、杨文谢，2015），2015年中国城镇化率为56.1%，贵州省城镇化率仅为42.0%，低于全国总体水平14.1个百分点。与此同时，贵州工业化和城镇化的发展严重不协调。1949年以来贵州省相关数据的分析表明，贵州省工业化、城镇化的偏差系数长期为负数，工业化水平低、产业链条短、就业容纳空间不足，对城镇化的拉动力较弱，从而阻碍了城镇化进程；而城镇化缓慢又制约了市场需求的扩大，直接影响到工业化水平（陈超、钟良晋，2012；张晓阳，2012）。这种相互掣肘的恶性循环，严重影响了贵州的经济社会发展和人民生活水平的提高。上述研究表明，工业化和城镇化是贵州经济社会发展的"两块短板"。贵州要在2020年与全国同步建成小康社会，必须坚定不移地实施工业强省和城镇化带动战略，并努力促进二者之间的协调发展（张晓阳，2012；袁小娟，2013；干江东，

2014）。

值得注意的是，贵州的工业化、城镇化正面临着内外环境的双重挑战。从内部环境看，贵州是世界上喀斯特地貌发育最强烈的地区，山地和丘陵占省域面积的92.5%，境内重峦叠嶂、地无三尺平，超过万亩以上的坝子只有47个。复杂破碎的地形，不仅大大增加了贵州省工业化、城镇化的综合成本，也从建设用地、产业用地等方面极大制约了工业化和城镇化的发展空间。同时，贵州也是中国唯一不沿海、不沿边、没有平原支撑的省份，耕地少、土层薄、开发成本高，人口长期处于超载状态，毁林开荒、过度垦殖、石漠化等现象非常严重。尖锐的人地矛盾不仅加剧了贵州生态环境的脆弱性，也是造成地区贫困的重要原因。特殊的自然地理条件决定了贵州的工业化、城镇化不能简单复制发达地区的发展模式，而必须走具有贵州特点的创新发展道路（魏后凯，2012；单菁菁等，2016）。从外部环境看，2014年以来中国经济进入新常态，主要表现为降速度、优结构、转动力、多挑战等特点。在新常态下，贵州的工业发展也受到影响，资源型工业发展乏力，新兴产业发展缓慢，产能过剩矛盾突出。通过科技创新寻求发展新动力、提升产业竞争力，是推进贵州新型工业化、带动新型城镇化、促进可持续发展的重要路径（李更生，2014；李华红，2014；李会萍、申鹏，2015；曾祥坤，2015）。

当前，关于如何推动贵州工业化、城镇化和创新发展的讨论已经很多，本报告关注和研究的重点是，要保证贵州在2020年与全国同步建成小康社会，其工业化和城镇化应以什么速度推进，二者之间需要怎样的相互支撑？在这一进程中，科技创新将发挥什么样的作用，对贵州经济增长会产生多大贡献？本报告希望通过对这些问题的研究，为推动贵州创新转型发展提供有益参考。

总体来说，工业化、城镇化与社会经济发展之间存在内在的协同关系：工业化是经济活动的集聚过程，其集聚效应促使资源、技术、资本、劳动力等要素在地域空间集中，形成劳动力转移也即人口城镇化过程，而城镇化又为工业化大规模生产提供了多元需求和广阔的消费市场，从而有利于扩大生产规模，加速工业化进程，促进社会经济发展（钱纳里等，1995）。因此，工业化和城镇化如同社会经济发展的两个轮子，工业化创造供给，城镇化创造需求，只有并驾齐驱、协调发展，才能实现贵州经济的健康、高效和可持续发展。科技创新是新型工业化和新型城镇化的重要动力源泉，新型工业化和新型城镇化对科技创新具有巨大需求，为科技创新提供了广阔的发展空间。

为深入分析贵州省工业化、城镇化、科技创新与转型发展之间的内在协同关系，准确把握贵州省经济社会发展潜力及其发展趋势，本报告构建了贵州省经济社会发展模型，以 2020 年即全面建成小康社会的目标年和 2050 年即基本实现现代化的目标年为主要时点，对贵州省未来经济社会发展趋势及其战略重点进行分析与评估。模型的逻辑关系和分析路径如图 4 - 1 所示。

贵州省经济社会发展模型的基本原理如下：

本模型属于可计算一般均衡模型的应用。模型三次产业的增长率由外生预测给出，分别与收入增长（以全国平均经济增长率作为替代变量）、科技进步和城镇化等因素相关。

三次产业的生产函数均采用劳动增进型的科布—道格拉斯生产函数（Cobb – Douglas functions）：

$$Y_1 = (A_1 K_1)^{\alpha_1} L_1^{1-\alpha_1} \qquad (4-1)$$

$$Y_2 = (A_2 K_2)^{\alpha_2} L_2^{1-\alpha_2} \qquad\qquad (4-2)$$

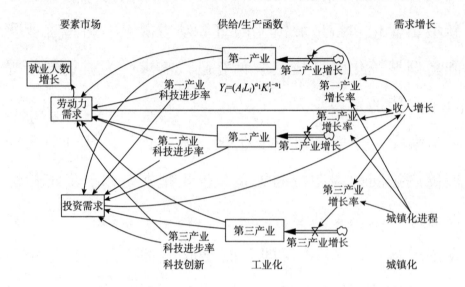

图 4-1 贵州省经济社会发展模型逻辑关系

$$Y_3 = (A_3 K_3)^{\alpha_3} L_3^{1-\alpha_3} \qquad\qquad (4-3)$$

其中：Y 为附加值；A 为技术水平；L 为劳动投入；K 为资本存量；下标为产业部门；上标为幂指数。

经济行为是在劳动和资本供给约束下实现产出最大化：

$$\max Y = (A_1 K_1)^{\alpha_1} L_1^{1-\alpha_1} + (A_2 K_2)^{\alpha_2} L_2^{1-\alpha_2} + (A_3 K_3)^{\alpha_3} \cdot$$
$$L_3^{1-\alpha_3} \qquad\qquad (4-4)$$

$$St. \quad K_1 + K_2 + K_3 = \overline{K}$$

$$L_1 + L_2 + L_3 = \overline{L}$$

以上最优化问题的拉格朗日（Lagrange）方程为：

$$Z = (A_1 K_1)^{\alpha_1} L_1^{1-\alpha_1} + (A_2 K_2)^{\alpha_2} L_2^{1-\alpha_2} + (A_3 K_3)^{\alpha_3} L_3^{1-\alpha_3} +$$

$$\lambda(\overline{K} - K_1 - K_2) + \mu(\overline{L} - L_1 - L_2) \qquad (4-5)$$

一阶条件为：

$$\frac{\partial Z}{\partial K_1} = \alpha_1 A_1 (A_1 K_1)^{\alpha_1 - 1} L_1^{1-\alpha_1} - \lambda = 0 \qquad (4-6)$$

$$\frac{\partial Z}{\partial K_2} = \alpha_2 A_2 (A_2 K_2)^{\alpha_2 - 1} L_2^{1-\alpha_2} - \lambda = 0 \qquad (4-7)$$

$$\frac{\partial Z}{\partial K_3} = \alpha_3 A_3 (A_3 K_3)^{\alpha_3 - 1} L_3^{1-\alpha_3} - \lambda = 0 \qquad (4-8)$$

$$\frac{\partial Z}{\partial L_1} = (1-\alpha_1)(A_1 K_1)^{\alpha_1} L_1^{-\alpha_1} - \mu = 0 \qquad (4-9)$$

$$\frac{\partial Z}{\partial L_2} = (1-\alpha_2)(A_2 K_2)^{\alpha_2} L_2^{-\alpha_2} - \mu = 0 \qquad (4-10)$$

$$\frac{\partial Z}{\partial L_3} = (1-\alpha_3)(A_3 K_3)^{\alpha_3} L_3^{-\alpha_3} - \mu = 0 \qquad (4-11)$$

$$\frac{\partial Z}{\partial \mu} = \overline{K} - K_1 - K_2 = 0 \qquad (4-12)$$

$$\frac{\partial Z}{\partial \lambda} = \overline{L} - L_1 - L_2 = 0 \qquad (4-13)$$

求解：

将生产函数

$$K_1 = \left(\frac{Y_1}{A_1{}^{\alpha_1} L_1{}^{1-\alpha_1}} \right)^{\frac{1}{\alpha_1}} \qquad (4-14)$$

$$K_2 = \left(\frac{Y_2}{A_2{}^{\alpha_2} L_2{}^{1-\alpha_2}} \right)^{\frac{1}{\alpha_2}} \qquad (4-15)$$

$$K_3 = \left(\frac{Y_3}{A_3{}^{\alpha_3} L_3{}^{1-\alpha_3}} \right)^{\frac{1}{\alpha_3}} \qquad (4-16)$$

带入对劳动的各一阶条件，可得[①]：

$$L_1 = \frac{1-\alpha_1}{1-\alpha_2} \frac{Y_1}{Y_2} L_2 \qquad (4-17)$$

$$L_3 = \frac{1-\alpha_3}{1-\alpha_2} \frac{Y_3}{Y_2} L_2 \qquad (4-18)$$

换算成增长率：

$$l_1 = y_1 - y_2 + l_2 \qquad (4-19)$$

$$l_3 = y_3 - y_2 + l_2 \qquad (4-20)$$

因为：

$$L_1 + L_2 + L_3 = \overline{L} \qquad (4-21)$$

$$\frac{L_1}{\overline{L}} l_1 + \frac{L_2}{\overline{L}} l_2 + \frac{L_3}{\overline{L}} l_3 = l$$

$$\frac{L_1}{\overline{L}} (y_1 - y_2 + l_2) + \frac{L_2}{\overline{L}} l_2 + \frac{L_3}{\overline{L}} (y_3 - y_2 + l_2) = l$$

---

① 推导过程以第一产业为例，其他产业同理。

$$\left(\frac{L_1}{L} + \frac{L_2}{L} + \frac{L_3}{L}\right)l_2 = l - \frac{L_1}{L}(y_1 - y_2) - \frac{L_3}{L}(y_3 - y_2)$$

$$(4-22)$$

$$l_2 = l - \frac{L_1}{L}y_1 - \frac{L_3}{L}y_3 + \left(1 - \frac{L_2}{L}\right)y_2 \qquad (4-23)$$

则：

$$l_1 = y_1 - y_2 + l - \frac{L_1}{L}y_1 - \frac{L_3}{L}y_3 + \left(1 - \frac{L_2}{L}\right)y_2 \qquad (4-24)$$

$$l_1 = l + \left(1 - \frac{L_1}{L}\right)y_1 - \frac{L_3}{L}y_3 - \frac{L_2}{L}y_2 \qquad (4-25)$$

$$l_3 = l - \frac{L_1}{L}y_1 - \frac{L_2}{L}y_2 + \left(1 - \frac{L_3}{L}\right)y_3 \qquad (4-26)$$

因此，三个产业的资本存量的增长率（k_1、k_2、k_3）为：

$$k_1 = \frac{1}{\alpha_1}y_1 + \left(1 - \frac{1}{\alpha_1}\right)l_1 - a_1 \qquad (4-27)$$

$$k_2 = \frac{1}{\alpha_2}y_2 + \left(1 - \frac{1}{\alpha_2}\right)l_2 - a_2 \qquad (4-28)$$

$$k_3 = \frac{1}{\alpha_3}y_3 + \left(1 - \frac{1}{\alpha_3}\right)l_3 - a_3 \qquad (4-29)$$

其中，a_1、a_2、a_3、l_1、l_2、l_3、y_1、y_2、y_3 分别是

三个产业的技术进步率、劳动力增长率和产出增长率。

以上方程可以实现对贵州省三次产业增加值（即 Y_1、Y_2、Y_3）、GDP（三次产业增加值之和 $\sum Y$）、就业（劳动力 L）与投资（K）、工业化与产业结构（各产业增加值占 GDP 比重）等变量的分析预测。本报告以城镇化为外生控制变量，研究城镇化速度对就业与投资、产业增长与产业结构的影响，探讨城镇化发展对于工业化和产业支撑的要求，进而研究三次产业的技术进步率，提出贵州省工业化、城镇化及转型发展对科技进步的要求。

二　数据模拟与结果分析

（一）模拟生产函数

首先，利用永续盘存法对资本存量进行估计。参照全国的资本存量变化关系，以 1995 年投资数量乘以 10 作为此前贵州省的资本存量。考虑贵州的实际发展情况以及资本折旧率一般在 5%—10%，将资本折旧率设定为 8%，再结合历年投资数据计算贵州省年度资本存量变化。其过程如下：

$$K_T = \sum_{t=1}^{T} I - \sum_{t=1}^{T} \theta \sum_{t=1}^{T-1} I \qquad (4-30)$$

其中，K 为资本存量，I 为投资，θ 为资本折旧率，t、T 均表示时期。

$$\Delta K_T = \left(\sum_{t=1}^{T} I_t - \sum_{t=1}^{T} \theta \sum_{t=1}^{T-1} I_t \right) - \left(\sum_{t=1}^{T-1} I_t - \sum_{t=1}^{T-1} \theta \sum_{t=1}^{T-2} I_t \right)$$

$$= \left(\sum_{t=1}^{T} I_t - \sum_{t=1}^{T-1} I_t \right) - \left(\sum_{t=1}^{T} \theta \sum_{t=1}^{T-1} I_t - \sum_{t=1}^{T-1} \theta \sum_{t=1}^{T-2} I_t \right)$$

$$= I_T - \theta I_{T-1} \qquad (4-31)$$

以积分方式表达：

$$K_T = \int (I_t - \theta I_{t-1}) \, \mathrm{d}t$$

$$= \int [I_{t-1}(1 + i_t) - \theta I_{t-1}] \, \mathrm{d}t$$

$$= \int (1 + i_t - \theta) I_{t-1} \, \mathrm{d}t \qquad (4-32)$$

其中，i_t 为 t 期的投资增长率。

处理方法为以 1995 年投资数量乘以 10 作为此前的资本存量，然后令 $\theta = 0.08$，并结合每年投资数据来计算每年的资本存量变化。[①]

其次，对贵州省三次产业生产函数的参数进行估

---

① 根据国内外大量实证经验，资本折旧率一般在 5%—10% 之间。本模型依据贵州发展实际及所处发展阶段将资本折旧率设定为 8%。

计。以第一产业为例，应使用何种方程模拟 α_i？

$$Y_1 = (A_1 L_1)^{\alpha_1} K_1^{1-\alpha_1}$$

$$y_1 = \alpha_1 a_1 + \alpha_1 l_1 + (1 - \alpha_1) k_1$$

$$y_1 - k_1 = \alpha_1 a_1 + \alpha_1 (l_1 - k_1)$$

$$\ln Y_1 = \alpha_1 \ln A_1 + \alpha_1 \ln \frac{L_1}{K_1} + \ln K_1$$

$$\ln Y_1 - \ln K_1 = \alpha_1 \ln A_1 + \alpha_1 \ln \frac{L_1}{K_1} \qquad (4-33)$$

这里有两个问题需要关注：

（1）技术进步是依附于劳动，还是依附于资本？

（2）模拟方程是利用有量纲的存量数据，还是使用去除趋势的无量纲的增长率数据？

首先，由数理方程——使用劳动增广技术的方程和使用资本增广技术的方程，计算得到的 α_i 和 A_i 的取值范围是一致的，都相当于 $Y_i = A_i^{\alpha_i} L_i^{\alpha_i} K_i^{1-\alpha_i}$（尽管在模拟中得到的拟合指标会有所差异）。

其次，使用带量纲的存量数据进行模拟。从模拟结果看，三次产业的生产函数的估计无一例外存在着自相关问题，且第二和第三产业的系数 α_i 与理论不相一致（α_2、α_3 都大于 1，按照理论应在 0 和 1 之间），使用带

量纲的存量数据进行模拟显然存在问题。因此，应使用
不带量纲的增长率数据进行模拟。其理论方程为：

$$y_i - k_i = \alpha_i a_i + \alpha_i (l_i - k_i) \quad [代表劳动增广技术，原$$

方程为 $Y_i = (A_i L_i)^{\alpha_i} K_i^{1-\alpha_i}]$ 　　　　　　　（4-34）

或

$$y_i - l_i = \alpha_i a_i + \alpha_i (k_i - l_i) \quad [代表资本增广技术，原$$

方程为 $Y_i = (A_i K_i)^{\alpha_i} L_i^{1-\alpha_i}]$ 　　　　　　　（4-35）

模拟结果显示，使用资本增广技术的增长率方程模
拟效果各种指标都很优异，而使用劳动增广技术的增长
率方程的各种指标明显存在缺陷。这反映出，1995年
之后的经济增长更多的是依靠资本投入以及附着于资本
的技术进步，劳动力技能并没有显著提高。而且，使用
资本增广技术的模拟方程，其系数 α_i 都与理论相符，
$0 < \alpha_i < 1$（见表4-1至表4-3，为方便计算，正文中
保留小数点后四位）。

表4-1　　　　　　　第一产业资本增广技术模拟结果

变量	系数	标准差	T统计值	概率
$k_1 - l_1$	0.865488	0.170605	5.073051	0.000200
C1	-0.017883	0.027391	-0.652898	0.525200
R^2	0.664394	被解释变量均值		0.073793
调整 R^2	0.638578	被解释变量方差		0.132607

续表

变量	系数	标准差	T 统计值	概率
回归标准差	0.079721	赤池信息量（AIC）		− 2.097002
残差平方和	0.082621	施瓦兹信息量（SC）		− 2.002595
对数似然比	17.727510	F 统计量		25.735840
D. W. 统计量	1.657850	相伴概率（F 统计量）		0.000214

表 4 – 2   第二产业资本增广技术模拟结果

变量	系数	标准差	T 统计值	概率
$k_2 - l_2$	0.932255	0.109076	8.546862	0.000000
C2	0.037401	0.019890	1.880425	0.082600
R^2	0.848923	被解释变量均值		0.152246
调整 R^2	0.837302	被解释变量方差		0.140803
回归标准差	0.056794	赤池信息量（AIC）		− 2.775205
残差平方和	0.041932	施瓦兹信息量（SC）		− 2.680799
对数似然比	22.814040	F 统计量		73.048850
D. W. 统计量	1.039205	相伴概率（F 统计量）		0.000001

表 4 – 3   第三产业资本增广技术模拟结果

变量	系数	标准差	T 统计值	概率
$k_3 - l_3$	0.813879	0.126429	6.437443	0.000000
C3	0.056831	0.024654	2.305140	0.038300
R^2	0.761208	被解释变量均值		0.142809
调整 R^2	0.742839	被解释变量方差		0.158269
回归标准差	0.080260	赤池信息量（AIC）		− 2.083535
残差平方和	0.083741	施瓦兹信息量（SC）		− 1.989128
对数似然比	17.626510	F 统计量		41.440670
D. W. 统计量	0.819789	相伴概率（F 统计量）		0.000022

$\alpha_1 = 0.8655$，$\alpha_2 = 0.9323$，$\alpha_3 = 0.8139$

$C1 = -0.0179$，$C2 = 0.0374$，$C3 = 0.0568$

由生产函数方程 $y_i - l_i = \alpha_i a_i + \alpha_i(k_i - l_i)$ 　（4−36）

计算可得：$a_1 = -0.0207$，$a_2 = 0.0401$，$a_3 = 0.0698$

由此数据可知，1995 年之后，贵州省第一产业的平均技术进步率不够显著，可以认为 $a_1 = 0$，即基本上没有科技进步；第二产业的平均技术进步率为每年 4.01%；第三产业的平均技术进步率为每年 6.98%。值得说明的是，贵州省第二、第三产业科技贡献率的模拟之所以出现较高结果，其主要原因在于，1996 年之后的“十五”期间是我国快速工业化、城市化的时期，工业和服务业领域大量更新技术设备，推行机械化、自动化和信息化。其中，第三产业资本有机构成含量的提高更为显著。同时，政策因素也使得电信、金融等第三产业部门迅速发展，在客观上进一步推高了模拟结果。但必须注意的是，这一过程的技术进步并不是来自贵州省内部的创新，而是来自外部世界（甚至是国外）。而在未来的发展中，特别是随着国际金融危机之后各国、各地区之间竞争的加剧，单纯依靠外来的技术进步来支撑自身发展和参与国际国内竞争已经越来越难以为继。

因此，贵州如要实现经济的跨越式发展，必须进一步强化科技进步的贡献率，其核心是要提高自主研发和创新能力。

（二）城镇化率预测

城镇化率的预测，属于典型的生命周期模型，也就是经过培育期、加速期，最后进入比较稳定的状态。贵州省由于自身特点，不会像东部地区那样出现高度城镇化，客观条件决定其即使完成发展任务，也仍然会有较多人口留在农村地区。这也是高原、山地、民族地区的普遍特点。

在本报告中，我们采用生命周期模型，按照高、中、低三种情景（情景一、情景二、情景三），预测2016—2050年贵州省城镇化率的年均增长率，再模拟2016—2050年期间贵州省城镇化率的变动情况。其数理方程为：

$$u_t = \frac{K}{1 + ae^{-bt}} \qquad (4-37)$$

预测结果如表4-4所示。

表 4－4　　　　　　2016—2050 年贵州省城镇化率预测

年份	情景一：低速推进	情景二：中速推进	情景三：快速推进
2016	0.42	0.43	0.44
2020	0.44	0.47	0.49
2025	0.46	0.51	0.56
2030	0.48	0.55	0.63
2035	0.50	0.58	0.68
2040	0.51	0.61	0.74
2045	0.52	0.63	0.78
2050	0.52	0.65	0.82

模拟结果如图 4－2 所示。

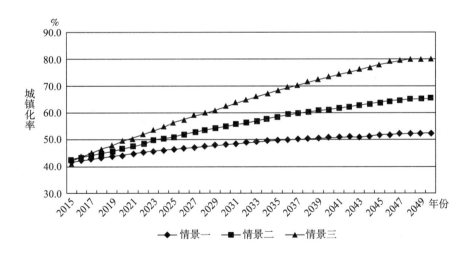

图 4－2　三种情景下贵州省城镇化发展趋势预测

从图 4－2 可以看出，在情景一下，贵州省城镇化

低速推进，城镇化率缓慢提高，到 2020 年达到 44%，
到 2050 年达到 52%，相当于全国 2012 年的平均水平。
在情景二下，贵州省城镇化以中速平稳推进，到 2020
年达到 47%，到 2050 年达到 65%，大体相当于全国
2025 年的平均水平。在情景三下，贵州省城镇化先是
快速推进再逐步平稳，到 2020 年达到 49%，到 2050
年达到 82%，大体与全国平均水平相当。总之，在三
种情景下，贵州省城镇化率都将进一步提高，但其发展
速度会因发展环境如工业化推进、基础设施建设、政策
导向等的不同而明显不同。

（三）工业化与经济增长分析

工业化是产业结构由低级到高级不断进步的过程，是社
会生产力突破性变革的过程（朱海玲、曙明，2010）。钱纳
里（H. Chenery）等通过对 1950—1970 年 100 多个国家
统计数据的分析，总结了工业化不同阶段产业结构转换
过程及其特点，建立了工业化评价模型（钱纳里等，
1989）。西蒙·库兹涅茨（S. Kuznets）描述了工业化不
同阶段三次产业所占比重以及劳动力分布结构的变化，
并发现随着工业化的深入推进，产值和劳动力都有向服

务业转移的趋势（西蒙·库兹涅茨，1989）。我国学者也对各地区的工业化和产业结构变迁进行了系统研究，如魏后凯（2012）利用147个国家截面数据和纽约、东京等国际大都市时间序列数据的研究表明，随着人均收入水平的提高，工业增加值比重大体呈倒"U"型变化。当人均收入在5000美元以下时，工业增加值比重不断增加；当人均收入处于5000—10000美元时，工业增加值比重大体保持稳定；当人均收入超过10000美元时，工业增加值比重趋于下降。陈传国、王晓杰（2012）基于1990—2009年省际面板数据对我国不同发展水平的发达和欠发达地区产业结构所做的研究，认为收入水平对第一产业的影响在两个类型的区域有着相似的变化趋势，均随经济的发展而逐渐降低。对发达地区来说，在经济水平低于人均GDP 10000元时，第二产业份额随收入增加而降低，超过10000元则随经济的发展而呈递减趋势，但降速比较小；而对欠发达地区来说，人均GDP超过1400元后产出份额将随收入水平增加而增加，当达到一定的收入水平后，将从欠发达模式转为发达模式，从而变为负效应。而对于第三产业来说，发达地区在实际发展过程中，收入水平始终与产业份额正相关；而对欠发达地区来说，当收入水平低于 4600 元时为正相关，超过后变为负相关。世界银行《2012 年世界发展报告》[①] 公布的数据显示，在 2000—2010 年的十年间，三次产业之比由 4∶28∶68 变为 3∶25∶72，其中低收入国家由 34∶21∶45 变为 25∶25∶50，中偏下收入国家由 20∶34∶46 变为 17∶31∶52，中偏上收入国家由 9∶36∶55 变为 8∶37∶55，高收入国家由 2∶28∶70 变为 1∶24∶75。同期，贵州省对应的产业结构由 26∶38∶36 变为 14∶39∶47，与低收入向中偏下收入国家产业结构演变特征相似。

上述研究成果为预测贵州省到 2050 年的产业结构提供了重要的参照。基于贵州省产业发展现状和 2020 年与全国同步实现全面小康的发展目标，考虑到中长期新型工业化和城镇化过程对产业变迁的推动，结合国内外工业化不同阶段的产业发展趋势和结构变化，本报告利用上述经济社会发展分析模型，分别测算了高、中、低三种不同城镇化率情景下贵州省三次产业发展及总体经济增长情况（即分别求解 Y_1、Y_2、Y_3 和 $\sum Y$），并在此基础上利用产业结构变化（即求解 $Y_1 / \sum Y : Y_2 / \sum Y : Y_3 / \sum Y$）模拟分析贵州省工业化发展情况。

---

① World Bank, 2012 *World Development Indicators*, 2012, p. 220.

首先，利用贵州省经济社会发展模型，分别预测在城镇化低速推进、中速推进、快速推进三种情景下贵州省地区生产总值的增长情况，预测结果如下（见表4-5）：

表4-5   2016—2050年贵州省地区生产总值增长预测①   单位：%

年份	情景一：低城镇化率	情景二：中城镇化率	情景三：高城镇化率
2016	8.86	11.31	13.31
2017	8.71	11.17	13.17
2018	8.65	11.12	13.12
2019	8.58	11.06	13.06
2020	8.50	10.99	12.99
2025	8.43	9.43	10.41
2030	7.79	8.68	8.65
2035	6.67	7.46	8.47
2040	5.95	6.63	7.68
2045	5.39	5.97	7.06
2050	4.98	5.46	6.52

注：2025年、2030年、2035年、2040年、2045年、2050年GDP的绝对数为对当年的预测值，GDP增长率为对相应"五年规划"期间的年均增长率的预测值。

————————————

① 本模型主要侧重于长期预测。长期预测重视的是趋势性分析，其每年的预测数据实际上是对地区生产总值增长预测进行长期平滑的结果，而非当年的实际增长值。从长期来看，短期内的增长波动往往是由于一些临时性因素在起作用，如政策刺激、固定资产投资等，但这些一般不会改变其长期发展趋势。

　　从预测结果可以看出，在情景三即快速推进城镇化的情况下，"十三五"期间贵州省地区生产总值年均增长率为 13.13%，比情景一和情景二可分别提高 4.47 和 2 个百分点；2021—2030 年，贵州省地区生产总值将年均增长 9.53%，比情景一和情景二可分别提高 1.42 和 0.47 个百分点；2031—2050 年，贵州省地区生产总值将年均增长 7.43%，比情景一和情景二可分别提高 1.68 和 1.05 个百分点（见表 4 - 6）。

表 4 - 6　　不同城镇化情景下的地区生产总值增长率比较　　单位:%

时期	情景一：低城镇化率	情景二：中城镇化率	情景三：高城镇化率
2016—2020 年	8.66	11.13	13.13
2021—2030 年	8.11	9.05	9.53
2031—2050 年	5.75	6.38	7.43

　　其次，在此基础上分别求解 $Y_1 / \sum Y : Y_2 / \sum Y : Y_3 / \sum Y$，模拟预测贵州省产业结构变化和工业化发展情况，及其与地区生产总值增长之间的相互关系（见图 4 - 3）。

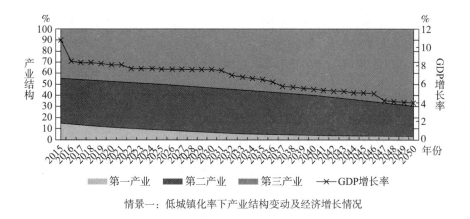

情景一：低城镇化率下产业结构变动及经济增长情况

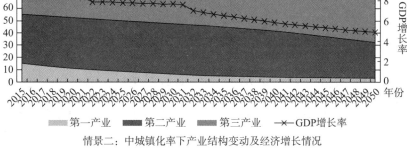

情景二：中城镇化率下产业结构变动及经济增长情况

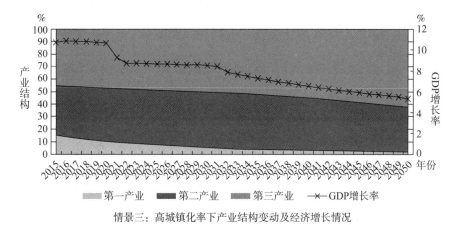

情景三：高城镇化率下产业结构变动及经济增长情况

图 4 - 3　三种城镇化情景下贵州省产业结构变化及经济增长情况

从上述预测结果可以看出，贵州产业结构变迁路径并不是简单重复已经完成工业化国家的路径，工业化和城镇化带动战略对产业结构变化影响深远，到2050年已接近高收入偏下国家产业结构形态。在三种情景下，第一产业所占比重出现持续下降的趋势，符合全球第一产业变化总趋势；第二产业所占比重将经历先上升再下降的过程，在三种情景下上升和下降幅度有所不同；第三产业所占比重呈持续上升态势。在低城镇化率情景下，贵州省工业化推进缓慢，并且不能得到充分发展，主要表现为第二产业占比曲线上升幅度较小、持续时间短，工业化对经济发展的支撑力不足，经济增长势头较弱，第三产业发展由于缺乏工业化的支撑而存在一定的"虚高"现象。在高城镇化率情景下，工业化最充分，第二产业占比较大，经济增长速度快、发展后劲足。

比较而言，情景三的高城镇化率方案相对于情景一的低城镇化率方案而言，贵州省GDP增长率在2020年和2050年将分别提高4.49和1.54个百分点。对比《全面建设小康社会统计监测方案》（国统字〔2008〕77号）的要求，贵州省要实现在2020年与全国同步建成全面小康社会的发展目标，必须实施情景三的高城镇化率方案，即加快推进新型工业化和城镇化，为贵州经济增长提供强劲而持久的动力，显著增强贵州省经济发展能力和综合实力。

（四）劳动力与就业结构分析

工业化既是产业结构由低级到高级不断进步的过程，也是就业结构不断优化和劳动生产率大幅提高的过程。本节将在预测贵州省潜在就业人口及其增长情况的基础上，对不同工业化、城镇化情景下劳动力的合理利用与分布进行分析与评估。

中华人民共和国成立以来，贵州人口保持持续较快增长，除三年自然灾害时期人口出现严重负增长外，2003 年之前人口年增长率均保持在 10‰以上，该增长率与全球中低收入国家相当，尽管计划生育政策在一定程度上减缓了人口增长速度，贵州省人口增长与经济发展仍表现出欠发达地区共有的低位协调特征。2003 年后，计划生育政策的长期效果逐渐显现，人口增长率出现明显下降，近十年年均增长率下降到 7.29‰，与全球各地区人口增长率比较，接近 2000—2010 年中高等收入国家 7‰的人口增长率，只高于欧洲和中亚国家

2‰的人口增长率[1]，呈现未富先老的征兆。贵州人口
增长率及变化情况见图4-4。2004—2011年贵州常住
人口连续7年出现下降，从2004年峰值时的3904万下
降到2011年的3469万，常住人口从2005年起持续少
于户籍人口，到2011年两者差值达到769万，说明自
2004年以来贵州人口净流出量较大，净流出的人口中
农民工是重要组成部分，这个群体主要流向珠三角、长
三角地区，其未来流向的不确定性增大了人口预测的难
度。在常住人口持续7年递减后，2012年贵州省常住
人口总量出现反转，比上年增加15万，其中大部分是
回流的农民工（见图4-4）。随着工业化和城镇化的提
速以及二胎生育政策的放开，贵州迎来第二次人口高峰
的概率增大。依据上述分析，结合全球人口变化规律和
贵州社会经济未来发展趋势，在预测贵州总人口时主要
考虑四个重要因素：一是当前贵州资源环境的人口承载
力和人口经济协调发展的总要求，以及常住人口和就业
人数在曲折变化中增长逐步放缓进而下降的总体趋势；
二是贵州所处的工业化、城镇化加速发展阶段，以及对

---

[1]　World Bank, 2012 *World Development Indicators*, 2012, p. 44.

农民工返乡创业优惠政策产生的引力；三是到 2020 年
贵州实现全面小康和 2050 年基本实现现代化目标的客
观要求；四是二胎生育政策的放开以及户籍制度变化等
因素。

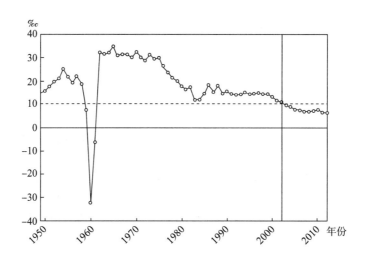

图 4－4　1949—2012 年贵州人口增长率

根据贵州省 1978—2012 年的人口样本数据，结合
贵州常住人口在 2004 年和 2012 年的两次转折，建立的
总人口预测模型如下：

$$\hat{Y}_t = 2674.62 + 47.71 \times T - 127.33 \times (T - 26) \times$$
$$D_1 + 104.68 \times (T - 32) \times D_2 \qquad (4-38)$$

其中，$\hat{Y}$ 表示不同时期人口总量，T 表示时期，

D_1、D_2 均为虚拟变量。所有参数的伴随概率都小于 0.0001，$R^2 = 0.992$。

在分析贵州潜在就业人口及其增长情况时，重点考虑三个因素：一是贵州劳动力外流现象普遍，短期内难以逆转，常住人口中劳动人口比重偏低；二是全球劳动年龄人口[1]占总人口比重受经济发展水平影响，人均收入低于 1 万美元（2010 年价）时，劳动年龄人口比重会上升，超过 1 万美元时，劳动年龄人口的劳动参与率相对稳定[2]；三是人口年龄结构变化。参照《贵州省人口与人才发展战略研究》（"贵州省发展战略研究"课题组，2012），将适龄劳动人口（15—64 岁）增长率作为就业增长率，估算 2016—2050 年贵州潜在就业人口及其增长情况（见图 4-5）。

贵州省就业结构长期处于不合理状态，2015 年贵州省三次产业结构为 15.6 : 39.5 : 44.9，但劳动力在三次产业中的分布为 59.7 : 16.2 : 24.1，农业就业人口比重高于农业增加值所占比重 44.1 个百分点。这说明农业生产积压了大量剩余劳动力，生产率低下且城镇化进

---

[1]　劳动年龄人口指 15 至 64 岁年龄组的总人口。

[2]　World Bank, 2012 *World Development Indicators*, 2012, p. 2。

展缓慢，也反映出贵州工业化和第三产业发展缺乏劳动力支撑。未来，贵州省在推进工业化的同时，必须同步推进城镇化，释放大量剩余劳动力，同时加强基础教育和职业技能培训，为工业化提供人力资源支撑。

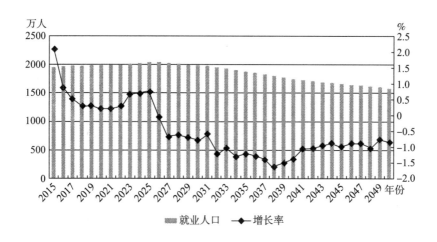

图 4 - 5　贵州潜在就业人口及增长情况

根据三次产业增长情况和潜在就业人口增长情况，本报告预测模拟了 2016—2050 年贵州省的人口就业结构（见图 4 - 6）。结果显示，在高城镇化率情景下，人口就业结构与产业结构的匹配度最高，劳动力资源将得到充分利用。

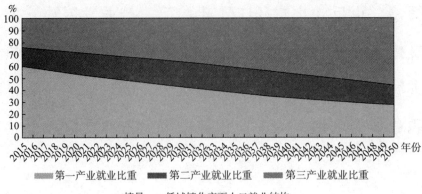

情景一：低城镇化率下人口就业结构

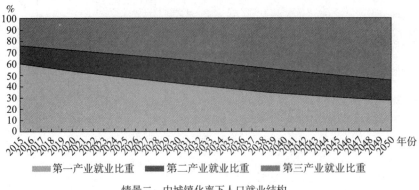

情景二：中城镇化率下人口就业结构

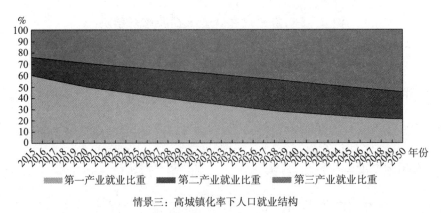

情景三：高城镇化率下人口就业结构

图4-6 三种情景下贵州省人口就业结构

（五）技术进步对贵州经济增长的贡献

在经济发展的要素投入中，资本投入与技术进步相互关联，当创新驱动技术进步率提高时，资本投资就会被替代。

在贵州经济社会发展模型中，三次产业的生产函数为：

$$Y_i = (A_i K_i)^{\alpha_i} L_i^{1-\alpha_i} \tag{4-39}$$

其中，Y、A、L、K 分别为附加值、技术水平、劳动投入和资本存量，下标为产业部门，上标为幂指数。则：

$$y_i = \alpha_i a_i + \alpha_i k_i + (1 - \alpha_i) l_i \tag{4-40}$$

即，技术进步在增长中的贡献为 $\alpha_i a_i$，贡献率等于 $\dfrac{\alpha_i a_i}{y_i}$。

根据贵州省三次产业的历史发展情况，1996—2010年贵州省第一产业中的科技贡献近乎为 0，农业技术进步对经济增长的贡献甚微；第二产业中的科技贡献为每年 3.74%，年均技术进步贡献率为 25.6%；第三产业中的科技贡献为每年 5.68%，年均技术进步贡献率为

31.2%。通过计算得出，1996—2010 年贵州省第二、第三产业技术进步率 a_2 和 a_3 分别为 0.0401 和 0.0698。

从表面上看，贵州省在过去十多年中第二、第三产业技术进步贡献率较高，但这主要是由于后发优势所致，"十五"和"十一五"期间是我国快速工业化、城镇化的时期，工业和服务业大量更新技术设备，第三产业资本有机构成含量也显著提高。政策因素使得第三产业迅速发展，在客观上提高了模拟结果。此外，技术创新多数来源于外部而非贵州省内。未来，单纯依靠外来技术进步来支撑自身发展的模式已难以为继。要实现经济转型与发展，贵州必须强化内源性技术进步的贡献率，提高自主研发和创新能力。

在预测期内（本报告预测至 2050 年），随着贵州省工业化、城镇化逐渐步入中后期，其技术进步率将难以维持在较高水平。假设 $a_2=0.035$、$a_3=0.040$，技术进步每年（统计平均意义上）对第二产业的贡献为 0.0326，每年拉动第二产业 GDP 增长 3.26%；对第三产业的贡献为 0.0326，每年拉动第三产业 GDP 增长 3.26%。图 4-7 显示了 2011—2050 年科技进步对整个贵州经济增长的贡献情况。随着贵州经济发展，科技进

步的贡献将逐渐增大，近 10 年科技进步对经济增长的
贡献约为 25%—30%，而随着第一产业比重下降以及
经济增长率相对值下降，技术进步贡献率将越来越大，
成为支撑贵州省工业化和经济发展的重要力量，到
2050 年，技术进步贡献率将达到 60%。

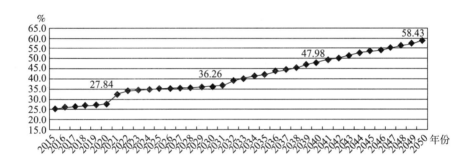

图 4-7　2015—2050 年技术进步对贵州省 GDP 增长的贡献

三　主要结论与思考

　　本研究报告在可计算一般均衡模型的框架下，引入
了城镇化、工业化、科技进步等控制性变量，探讨不同
城镇化速度对贵州工业化和产业支撑的要求，及技术进
步对经济发展的贡献，进而提出对贵州工业化、城镇化

以及科技进步的要求。主要结论如下：

第一，我国已进入转型发展的新常态，经济发展和城镇化均已减速，但由于发展水平的差异，"十三五"期间贵州省仍将保持快速发展态势。模型结果显示：未来5年是贵州发展的黄金时期；2020年后，贵州将进入平稳发展期；2030年后，贵州将进入减速发展期。因此，贵州省必须牢牢把握未来5—15年的发展机遇期。首先，贵州拥有良好的生态环境、丰富的矿产资源和相对低廉的劳动力，在承接产业转移方面具有优势。其次，交通事业和信息技术的发展减弱了不沿海、不沿边对贵州的制约。最后，贵州可以充分利用长江经济带、中国—东盟自由贸易区、泛珠三角地区等平台，拓展国内外市场，形成以服务业为引领的全方位开放格局。

第二，贵州省要实现到2020年全面建成小康社会的发展目标，必须快速推进新型工业化和城镇化，提升综合实力和发展能力。研究表明，工业化与城镇化具有良性互动，二者协同发展，能为经济发展提供强劲持久的动力。由于贵州地处云贵高原，生态环境脆弱，其城镇化应根据地形和生态特点，积极探索据点状、组团式、集约型的新型城镇化道路，利用地形地势，坚持因地制宜、因势利导、山坝结合的发展模式。大胆创新，推动城镇据点状、立体化发展，构建绿色、高效、协调、可持续的空间开发格局，建设绿色、智能、紧凑、融合的新型城镇。

第三，从工业化角度看，目前贵州仍处于资源依赖型的初期阶段，产业层次低、产业链条短、环境污染大、自主创新能力不足。未来贵州必须加快推进新型工业化，强化自主创新能力，使科技进步成为支撑贵州工业化和产业转型升级的重要力量。一要加大科技创新力度，改造提升传统产业，积极推进煤电磷、煤电铝、煤电钢、煤电化以及铝、锰、钒等优势资源精深加工，加快发展航天航空、工程机械、冶金机械等特色装备制造业，推动传统产业向高端化、清洁化和精品化转型。二要发挥绿色生态、山川秀美、民族多样的优势，大力发展大旅游、大健康、大生态产业，推动制造业与服务业融合创新发展。三要有重点、有选择地培育大数据、云计算、生物制药等战略新兴产业，提升产业层级、延长产业链条，走出一条创新能力强、科技含量高、经济效益好、环境污染少的特色工业化道路。

第四，贵州的经济增长更多依靠资本投入以及附着于资本的技术进步，劳动力技能没有明显改善，农业生产积压了大量剩余劳动力，生产率低下。未来在推进工业化时，应同步推进城镇化，提高生产要素的流动性和配置效率，释放剩余劳动力，使劳动力资源充分合理利用。同时加强基础教育和职业技能培训，为经济社会发展提供人力资本支撑。

第五章 贵州发展战略定位、目标与思路

一 贵州发展战略定位

贵州地处"一带一路"和长江经济带的腹地,山川秀美、资源丰富、气候宜人,具有良好的生态资源优势,应牢牢守住"发展"和"生态"两条底线,立足新的发展起点,以长远目光、广阔视野寻找新的"历史方位"。坚持生态引领、绿色发展,走出一条后进地区绿色崛起、后发赶超的可持续道路。

从近中期看,国发2号文件已经对贵州省的发展战略定位进行了比较全面、准确的表述,即"四基地一枢纽""三区一屏障"。其中,"四基地"是指打造全

国重要的能源基地、资源深加工基地、特色轻工业基地和以航空航天为重点的装备制造基地；"一枢纽"是指发展成为国家西南地区重要的陆路交通枢纽；"三区"是指扶贫开发攻坚示范区、文化旅游发展创新区、民族团结进步繁荣发展示范区；"一屏障"是指长江、珠江上游重要生态安全屏障。

从长远发展看，贵州省的发展战略定位可以确定为：长江经济带重要的绿色生态安全屏障，全国重要的大数据云计算产业基地、特色珍稀食品和绿色农产品基地、特色先进装备制造业基地、特色生物医药产业基地、绿色能源和化工基地、生态文化旅游基地，全国生态文明先行示范区、多民族和谐发展示范区。简言之，贵州省的长远发展战略定位可以确定为"一个屏障，六个基地，两个示范区"。

（一）一个屏障

贵州省承担"长江经济带重要的绿色生态安全屏障"的职能是国家战略要求与自身资源环境特点决定的。从国家层面来看，2010年我国森林覆盖率只有20.36%，只及世界平均水平的2/3，排在世界第139

位。人均森林面积仅为 2.17 亩，不足世界人均水平的
1/4，排在世界第 144 位。人均森林蓄积量仅为 10.15
立方米，只有世界平均水平的 1/7，排在世界第 112 位
（程红，2010）。可以说，"生态产品短缺"是我国现代
化进程中的软肋。改革开放至今，我国经济建设取得了
举世瞩目的成就，国内生产总值位居世界第二位，但生
态保护与建设相对滞后。提高森林覆盖率是我国未来必
须坚持的国家战略。在经济发展大潮中，优先确保那些
森林覆盖率较高的省份的生态保护与建设成果，对改善
我国生态环境质量有重要战略意义。贵州省是我国石灰
岩分布较为广泛的省份，喀斯特出露面积占全省总面积
的 61.9%，是典型的生态脆弱地区。2015 年贵州省的
森林覆盖率达到 37.09%，高于全国平均水平 5 个百分
点，是我国重要的有生态保护价值的省份，承担绿色生
态保护的功能天经地义。从贵州省自身来看，贵州地处
我国西南地区，是长江和珠江的上游地区，平均海拔
1100 米左右，是全国唯一没有平原支撑的省份，其山
地和丘陵占全省总面积的 92.5%。贵州省地貌破碎，
土层较薄，极易发生水土流失，严格保护生态环境是其
经济社会赖以发展的基础。因此，"长江经济带重要的

绿色生态安全屏障"的战略功能定位符合国家战略要求，也符合贵州发展的实际。

（二）六个基地

贵州省承担着"长江经济带重要的绿色生态安全屏障"的战略功能定位，但这不代表贵州只能保护生态环境，而在经济发展方面无所作为。事实上，保护生态环境并不影响经济社会发展，"绿水青山就是金山银山"，良好的生态环境能够带给贵州稀缺的生态资产，使之在承担绿色生态安全屏障建设的同时，在经济发展方面也能够担当更多的国家发展战略重任：

1. 全国重要的大数据云计算产业基地

基于独特的地理环境和气候条件，致力于发展对低温环境要求较高的大数据和云计算产业，加快推进互联网、广播电视网和电信网"三网融合"进程，积极发展以大数据为重点的电子信息产业，推进物联网、大数据和云计算的研发运用，以贵阳和贵安新区为核心，形成全国重要的大数据、云计算及其关联产业发展基地。

2. 全国重要的特色珍稀食品和绿色农产品基地

贵州的山区地形带来了复杂多样的小气候环境，是多种特色珍稀农产品的重要产地。实行高端化和精品战略，大力发展特色珍稀绿色农产品，并在此基础上发展特色珍稀食品产业，贵州具有天然的优势条件。

3. 全国重要的特色先进装备制造业基地

贵州航空航天等装备制造业已有一定的基础，更重要的是，立足生态和后发优势，通过创造宜居宜商的良好环境，贵州省在发展电子、信息设备、医疗器械、智能设备等特色先进装备制造业方面，也具有较大的发展潜力。

4. 全国重要的特色生物医药产业基地

贵州的地形与气候条件十分有利于药用植物的生长，生物和中药材资源丰富，开发潜力巨大，具有建成特色生物医药产业基地的充分条件。

5. 全国重要的绿色能源和化工基地

贵州拥有丰富的水能、煤炭和磷资源。据最新勘测，贵州煤炭保有资源储量713.51吨，居全国第五位；磷矿储量43.46亿吨，居全国第三位。充足的能源资源为建设全国绿色能源和化工基地奠定了坚实的基础。①

---

① 贵州省统计局、国家统计局贵州调查总队：《贵州统计年鉴2017》，中国统计出版社2007年版。

6. 全国重要的生态文化旅游基地

贵州省森林覆盖率高，生态环境好，民族众多，旅游和文化资源丰富。各民族在与自然环境相处中培育了多姿多彩、人与自然和谐共处的生态文化，有利于打造优秀的全国生态文化旅游基地。

（三）两个示范区

改革开放 40 年来，贵州省在克服自然条件的不利影响下经济社会发展取得了长足的进步，但是横向比较来看，仍然处于全国的后进地位。未来，绿色发展将成为全球主流。贵州省具有特殊的生态屏障地位和后发优势，在我国转型发展与绿色崛起的新时代，具有建设"全国生态文明先行示范区"、探索后进地区绿色崛起后发赶超的试验价值，其经验具有普遍的借鉴意义。同时，贵州省是多民族地区，在长期的和平发展过程中，各民族和谐相处，共同发展。通过建设"全国多民族和谐发展示范区"，推广其经验和做法，并成为新时期贵州省跨越发展的坚强动力，具有时代意义。

二　贵州发展战略目标

按照国家"三步走"战略和党的十九大报告的要求，我国要在2020年全面建成小康社会，到2035年基本实现社会主义现代化，到21世纪中叶即2050年，把我国建成富强、民主、文明、和谐、美丽的社会主义现代化强国。很明显，要实现全面建成小康社会和社会主义现代化强国目标，贵州是关键之一。国发2号文件明确提出，2015年贵州省全面建设小康社会实现程度要接近西部平均水平；2020年基本公共服务达到全国平均水平，实现全面建成小康社会的目标。下面着重对贵州能否与全国同步实现全面小康和现代化的可行性进行初步分析。

（一）2020年贵州与全国同步实现全面小康的难度分析

党的十六大报告从经济、政治、文化、可持续发展四个方面概括界定了全面建设小康社会的总体内容。具体来说就是六个"更加"：经济更加发展、民主更加健全、科教更加进步、文化更加繁荣、社会更加和谐、人民生活更加殷实。以此为基础，国家统计局统计科学研究所构建了由六个方面 23 项指标组成的评价体系（见表 5 – 1），并特别将"资源环境"作为六个方面之一的重要要求包含其中，以此评估全国和各地区全面建设小康社会的进程。

2010 年，贵州全面建设小康社会实现程度为 62.4%，比 2000 年提高 17.1 个百分点，大约相当全国 2002—2003 年的水平，整体进程比全国晚 7—8 年（潘璠，2011）。从反映全面小康社会的六大方面看，民主法制方面实现程度最高，达到 85.2%；资源环境、生活质量和社会和谐方面的实现程度也超过了 60%；而文化教育和经济发展方面的实现程度最低，仅有 50% 左右（见表 5 – 1）。

表 5 – 1　　　2010 年贵州省全面建设小康社会实现程度

监 测 指 标	2010 年实际值	贵州省实现程度（%）	权重	标准值（2020 年）
一　经济发展	—	51.6	29	—
1. 人均 GDP（元）	8724[a]	27.8	12	≥31400
2. R&D 经费支出占 GDP 比重（%）	0.65	26.0	4	≥2.5
3. 第三产业增加值占 GDP 比重（%）	47.3	94.6	4	≥50
4. 城镇人口比重（%）	33.8	56.4	5	≥60

监 测 指 标	2010年实际值	贵州省实现程度（%）	权重	标准值（2020年）
5. 失业率（城镇）（%）	3.6	100	4	≤6
二　社会和谐	—	61.4	15	—
6. 基尼系数	0.494	10.7	2	≤0.4
7. 城乡居民收入比（以农村为1）	4.07	0	2	≤2.80
8. 地区经济发展差异系数（%）	41.4	100	2	≤60
9. 基本社会保险覆盖率（%）	63.4	70.5	6	≥90
10. 高中阶段毕业生性别差异系数（%）	105.6	92.2	3	=100
三　生活质量	—	68.4	19	—
11. 居民人均可支配收入（元）	5590[a]	37.3	6	≥15000
12. 恩格尔系数（%）	44.1	90.7	3	≤40
13. 人均住房使用面积（平方米）	21.9	81.1	5	≥27
14. 5岁以下儿童死亡率（‰）	22.9	52.4	2	≤20
15. 平均预期寿命（岁）	73.5	98.0	3	≥75
四　民主法制	—	85.2	11	—
16. 公民自身民主权利满意度（%）	82	91.1	5	≥90
17. 社会安全指数（%）	80.3	80.3	6	≥100
五　文化教育	—	52.6	14	—
18. 文化产业增加值占GDP比重（%）	1.65	33.0	6	≥5
19. 居民文教娱乐服务支出占家庭消费支出比重（%）	8.5	53.4	2	≥16
20. 平均受教育年限（年）	7.56	72.0	6	≥10.5
六　资源环境	—	70.5	12	—
21. 单位GDP能耗（吨标准煤/万元）	2.67[a]	31.4	4	≤0.84
22. 耕地面积指数（%）	95.6	100	2	≥94

续表

监　测　指　标	2010年实际值	贵州省实现程度（%）	权重	标准值（2020年）
23. 环境质量指数（%）	86.7	86.7	6	＝100

注：a 为 2000 年不变价。

资料来源：根据 2011 年《中国全面建设小康社会监测报告》和《中国统计年鉴》整理。

在 23 项监测指标中，城镇失业率、地区经济发展差异系数、耕地面积指数 3 项指标实现程度达到 100%，平均预期寿命、第三产业增加值占 GDP 比重、高中阶段毕业生性别差异系数、公民自身民主权利满意度、恩格尔系数 5 项指标实现程度也超过 90%，环境质量指数、人均住房使用面积、社会安全指数、平均受教育年限、基本社会保险覆盖率 5 项指标实现程度在 70%—90%，这些指标在 2020 年达到标准值比较有保障，难度较大的是其他 10 项指标。其中，城镇人口比重、居民文教娱乐服务支出占家庭消费支出比重、5 岁以下儿童死亡率 3 个指标实现程度在 50%—60%，而居民人均可支配收入、文化产业增加值占 GDP 比重、单位 GDP 能耗、人均 GDP、R&D 经费支出占 GDP 比重、基尼系数、城乡居民收入比 7 项指标实现程度不到

40%，要在 2020 年达到标准值难度较大。这些难点和薄弱环节主要集中在经济发展、收入差距、科教文化、节能降耗、城镇化等方面。

从总体上看，要实现全面小康，今后 10 年贵州省全面建设小康社会实现程度需要每年提高 3.8 个百分点，即使要基本达到全面小康目标（实现程度 90%），也需要每年提高 2.8 个百分点，这一增速远高于 2001—2010 年的平均增速（1.7 个百分点），也高于"十一五"时期的平均增速（2.1 个百分点）。更重要的是，随着贵州全面建设小康社会实现程度的不断提高，余下的工作都是经济社会发展中的薄弱环节和"硬骨头"。换句话说，今后贵州全面小康社会的建设将主要聚焦于对薄弱环节的攻坚克难，以补齐"短板"实现更高速度的增长。

以人均 GDP 为例，其权重达到 12%，在各项指标中最高。2010 年，贵州省人均 GDP 为 13119 元，按 2000 年不变价计算为 8724 元，到 2020 年要达到标准值，年均增长速度需要达到 13.7%，而 2006—2010 年贵州实际增速为 12.0%。这将是一种超常规的高速增长。其他一些薄弱环节指标到 2020 年要达到标准值，居民人均可支配收入需年均增长 10.4%，R&D 经费支出和文化产业增加值占 GDP 比重需年均提高 0.19 和 0.34 个百分点，城镇化率需年均提高 2.6 个百分点，单位 GDP 能耗需年均下降 10.9%。这对贵州来说，将是一个严峻的挑战。

（二）2035 年贵州省主要发展指标预测

贵州省要实现跨越赶超、绿色发展，必须在主要经济社会指标上实现快速发展，超过全国平均水平；在发展方式上实现绿色低碳，完成结构跨越。为此，要兼顾发展条件和发展可能，统筹发展要素，对未来十多年主要经济社会发展指标做出科学预测，为科学决策提供依据。这也是我国开发贵州经济社会发展模型的主要目的。

1. 主要发展指标预测

"十二五"期间，贵州省 GDP 虽然呈现高速增长态势，但相比较而言，仍要低于全国 31 个省份的平均增速。贵州省人均 GDP 与全国的差距由 1.99 万元逐步拉大到 2 万元。财政收入增速自 2008 年以来逐步加快，基本快于全国 3 个百分点左右。城镇化稳步推进，但城镇化率始终低于全国平均水平 14 个百分点左右。城镇居民人均可支配收入增长基本上与全国保持同步。农民人均纯收入增长自 2007 年以来始终快于全国平均水平 1—2 个百分点（见图 5 - 1）。总体来看，"十二五"期间，贵州省已经呈现出了加速赶超发展的良好态势。

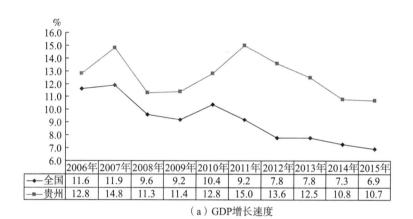

	2006年	2007年	2008年	2009年	2010年	2011年	2012年	2013年	2014年	2015年
全国	11.6	11.9	9.6	9.2	10.4	9.2	7.8	7.8	7.3	6.9
贵州	12.8	14.8	11.3	11.4	12.8	15.0	13.6	12.5	10.8	10.7

（a）GDP增长速度

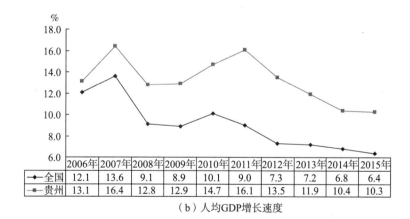

	2006年	2007年	2008年	2009年	2010年	2011年	2012年	2013年	2014年	2015年
全国	12.1	13.6	9.1	8.9	10.1	9.0	7.3	7.2	6.8	6.4
贵州	13.1	16.4	12.8	12.9	14.7	16.1	13.5	11.9	10.4	10.3

（b）人均GDP增长速度

图 5 - 1　贵州主要发展指标与全国比较

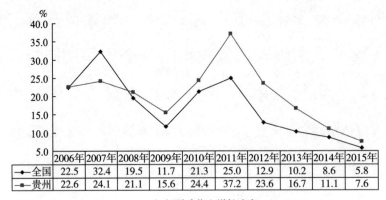

（c）财政收入增长速度

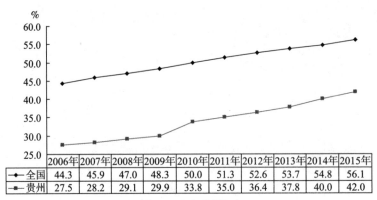

（d）城镇化率

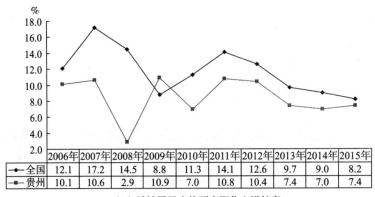

（e）城镇居民人均可支配收入增长率

图 5-1　贵州主要发展指标与全国比较（续）

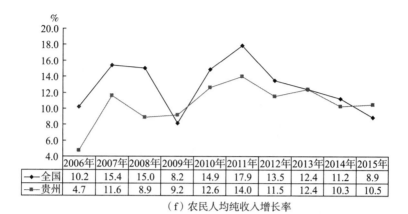

	2006年	2007年	2008年	2009年	2010年	2011年	2012年	2013年	2014年	2015年
全国	10.2	15.4	15.0	8.2	14.9	17.9	13.5	12.4	11.2	8.9
贵州	4.7	11.6	8.9	9.2	12.6	14.0	11.5	12.4	10.3	10.5

（f）农民人均纯收入增长率

图 5 - 1　贵州主要发展指标与全国比较（续）

根据经济社会发展模型的预测分析，未来 10 年将是贵州省快速发展的黄金时期；到 2020 年以后，贵州经济将逐步进入平稳发展时期；到 2030 年以后，贵州经济将缓步进入减速发展期；这是贵州未来 10—20 年可能出现的发展情景（见图 5 - 2）。为达到 2020 年全面建成小康社会目标，贵州省需要加快推进工业化和城镇化，依靠"二化"带动、"四化"同步实现高速增长，进而与全国步调一致。据此，我们对贵州未来 20 年的主要发展指标进行了初步测算，具体见表 5 - 2。

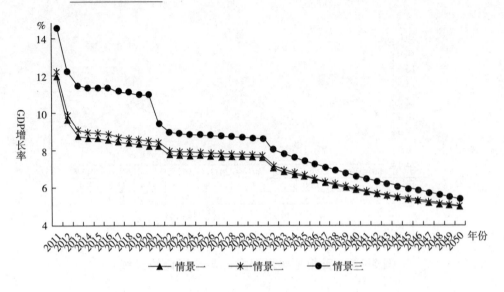

图 5 – 2   2011—2050 年贵州省地区生产总值增长预测

表 5 – 2   贵州省主要发展指标测算

指标	2010 年	2020 年		2035 年	
		目标值	年均增长（%）	目标值	年均增长（%）
一 经济发展	—	—	—	—	—
GDP（亿元）	4602	16422	13.1	59816	9
财政收入（亿元）	970	3438	12	13412	9.5
全社会固定资产投资（亿元）	3186	36099	25	257672	14
社会消费品零售总额（亿元）	1483	8090	20	159715	22
城镇化率（%）	33.8	50	—	65	
二 科技教育	—	—	—	—	—
九年义务教育巩固率（%）	—	>93	—	>97	—
高中阶段毛入学率（%）	55	>87	—	>92	—
高等教育毛入学率（%）	20	>35	—	>48	—
全社会科技研发投入占 GDP 比重（%）	1.0	1.8	—	2.3	—

指标	2010 年	2020 年		2035 年	
		目标值	年均增长（%）	目标值	年均增长（%）
三　资源环境	—	—		—	
耕地保有量（万公顷）	450	439.8		439.8	—
森林覆盖率（%）	40	>50	—	>62	—
非化石能源占一次能源消费比重（%）	—	15		25	
四　人民生活	—	—		—	
城镇居民人均可支配收入（元）	14143	35045	9	83978	6
农民人均纯收入（元）	3472	8589	9	27246	8
城镇登记失业率（%）	3.6	<5	—	<5	—
常住人口（万人）	3479	4346	2.0	5045	1.0
人均期望寿命（岁）	—	>72	—	>77	—

注：本表测算主要采用贵州经济社会发展模型的高方案情景，以2010年价格为不变价格。

从贵州省 2015 年的主要发展指标来看，贵州省的现状发展水平基本上相当于全国 2000 年的平均水平，也就是说，贵州省基本上落后于全国平均水平 10 年左右。进入"十三五"时期，我国将进入转型发展期，经济发展和城镇化速度将呈现减速状态，国家"十三五"规划纲要中的主要发展目标安排已经有所反映。由于发展阶段的差异，"十二五"期间贵州已经出现由缓慢发展到快速发展转变的态势，依据惯性，预计贵州在"十三五"期间将延续这一趋势。

2. 实施高方案的战略要点

根据上述贵州经济社会发展现状及模型分析，贵州要与全国同步实现全面建成小康社会目标，必须按照情景三的高方案实现跨越式发展，其与情景一的低方案和情景二的中方案最主要的区别在于对工业化、城镇化、技术进步和投资力度的要求不同。具体说来，实施高方案的战略要点如下：

（1）加快推进新型工业化。逐步提高第二产业特别是工业对贵州经济发展的带动能力和支撑能力。大力培育工业支柱性企业，对工业支柱性企业的政策、资金和人才保障要放在优先考虑的位置，实施政策倾斜。加快工业企业技术革新步伐，改造提升传统优势产业，有重点、有选择地培育战略性新兴产业，扩充企业的资本规模和经营规模。着力提高工业产品的技术含量和附加值，突出产品的特色、品质和市场稀缺性，强化单位产品的盈利能力。

（2）加快推进城镇化。为贵州经济社会发展提供内需动力，特别是要牢牢把握好"十三五"贵州城镇化发展的关键时期，加强政策引导和工业化支撑。坚持城镇化与工业化发展相协调，为工业化提供空间载体和发展平台，推动工业化与城镇化有机互动、良性发展。根据贵州的地形地貌和自然特点，走"集约、绿色"的新型城镇化道路，注重城镇化发展速度与发展质量的同步提升。

（3）进一步提高科技进步对经济增长的贡献份额。紧紧围绕贵州省重点产业，加大财政科技经费投入力度，创新财政科技经费投入方式，以企业为核心支持各类创新主体开展技术研发和成果转化活动。建立和完善多层次教育体系，提高人口素质，增强人力资本积累，特别是要加强高层次人才队伍建设，强化对高层次人才的培育和支持，建立良性的人才激励机制，显著提高劳动生产率。

（4）加大投资力度。目前贵州省人均全社会固定资产投资仅相当于全国平均水平的40%左右，固定资产投入长期不足，严重制约贵州的经济社会发展。未来贵州应着力提高投资率水平，确保"十三五"期间达到15%以上，显著增强投资对经济发展的拉动效应。实施重点投资战略，将投资向重点产业和重点地区集中，在促进产业聚集、培育经济增长极的同时，最大限度地减少绝大多数生态脆弱地区的发展压力。优化投资结构，适度增加对工业的投入，扩大基本建设规模，培育和扶持支柱产业、战略性新兴产业和龙头企业，增强优势特色产业和产品的输出能力和辐射能力。

（三）2050 年贵州与全国同步实现现代化的难度分析

1. 基本实现现代化目标体系

有关基本实现现代化的概念和含义，在党和国家有关文件中都有定性描述，定量构建目标体系，在学术界和地方实践中有不同的看法，由国家发改委宏观研究院"现代化标准研究"课题组 2000 年提出的评价指标体系最受认可，该指标体系由三大类 15 个指标构成[①]：

第一类，经济发展，内含 3 个指标：①人均 GDP（9000 美元）；②农业增加值占 GDP 比重（低于10%）；③第三产业占 GDP 比重（60%）。

第二类，社会进步，包括 5 个指标：①非农业劳动力占总劳动力比重（80%）；②城市人口占总人口比重（75%）；③人均收入（42000 元）；④基尼系数（0.25）；⑤信息化综合指数（60%）。

[①] 张青：《全面小康与基本实现现代化》，《统计与决策》2003 年第 8 期。括号内为标准值。

第三类：人口素质和生活水平，包括 7 项指标：①人口自然增长率（0.7%）；②识字人口比重（90%）；③适龄人口中大学生比重（20%）；④平均预期寿命（75岁）；⑤每名医护人员服务的人数（500 人）；⑥恩格尔系数（40%）；⑦环境质量综合指数（80%）。

2. 贵州省到 2050 年基本实现现代化目标差距分析

到 2050 年我国要基本实现现代化目标，依然要依靠持续不断的发展，在经济增长、结构优化、推进城镇化、缩小收入差距等方面取得突破。

贵州作为欠发达省份，经济社会发展水平低于全国平均程度。到 2050 年与全国同步基本实现现代化，难度不小，特别是在经济增长、城镇化推进、公共服务配置等方面更要付出加倍的努力，才能赶上全国平均水平（见表 5 - 3）。这方面的努力也是贵州今后工作的重点。

表 5 - 3　贵州省到 2050 年基本实现现代化目标差距分析

目标	目标值	国家 2010指标	基本实现现代化差距	贵州 2010年指标	基本实现现代化差距
一　经济发展	—	—	—	—	—
1. 人均 GDP	9000 美元	5170 美元	- 3830 美元	1951 美元	- 7049 美元
2. 农业产值占 GDP 比重	10% 以下	10.1%	- 0.1 个百分点	13.7%	- 3.7 个百分点

目标	目标值	国家2010指标	基本实现现代化差距	贵州2010年指标	基本实现现代化差距
3. 第三产业占GDP比重	60%以上	43.1%	−16.9个百分点	47.1%	−12.9个百分点
二　社会进步	—				
4. 非农业劳动力占总劳动力比重	80%以上	63.3%	−16.7个百分点		
5. 城市人口占总人口比重	75%	49.68%	−25.32个百分点	33.8	−41.2个百分点
6. 人均收入	42000元	14582元	−27418元	6669元	−35331元
7. 基尼系数	0.25	0.458	−0.208	—	—
8. 信息化综合指数	60%	—			
三　人口素质和生活水平	—		—		
9. 人口自然增长率	0.7%	0.479%	已实现	0.741%	−0.041个百分点
10. 识字人口比重	90%	95.92%	已实现	91.26%	已实现
11. 适龄人口中大学生比重	20%	26.5%	已实现	20%	已实现
12. 平均预期寿命	75岁	—	—	—	—
13. 每名医护人员服务的人数	500人	284人	已实现	—	—
14. 恩格尔系数	40%	城镇35.7%，农村41.1%	城镇已实现，农村接近实现	城镇39.9%，农村46.3%	城镇−0.1，农村−3.7个百分点
15. 环境质量综合指数	80%	—	—	—	—

据中国现代化战略研究课题组（2010）的研究，2008年贵州第一次现代化程度为75%，在全国排名第31位，处于第一次现代化发展期；2007年第二次现代化指数为30，在全国排名第30位，综合现代化指数为27，在全国排名第31位。这表明，到2050年，贵州要与全国同步实现现代化难度也不小。

三　贵州总体发展思路

在当前新形势下，贵州省要依靠赶转结合，与全国同步建成全面小康社会和基本实现现代化，将是一项十分艰巨的任务。面对新的形势，未来贵州发展必须发挥自身特色，牢牢守住"发展"和"生态"两条底线，实施三步走战略，把握好五大原则，突出四大理念，依靠工业化、城镇化双轮驱动，以发展内陆开放型经济、生态文明建设和扶贫攻坚为重要抓手，坚持经济、政治、文化、社会、生态文明"五位一体"建设，推动工业化、信息化、城镇化、农业现代化"四化"同步发展。

（一）突出贵州发展特色

贵州山地多，平原少，地形崎岖，交通不便，物流受限；喀斯特地貌突出，易出现水土流失现象，土地开发难度大，工业化和城镇化的用地成本、物流成本、交易成本均相对较高。而贵州是两江上游重要的生态安全屏障，其最大的优势在于：生态、绿色。这是贵州的基本省情，也是贵州发展的重要基础。

贵州特殊的地理环境和资源禀赋决定了贵州不可能简单复制东部沿海地区的发展模式，而必须另辟蹊径，找到一条符合贵州资源环境特点的发展道路，这条道路的特点：一是个性。特色源自个性。要不求规模，但求特色，通过小规模、多样化、个性化的特色生产设计，把贵州的生态环境和民族文化特色融入工农业生产、旅游开发和城市规划建设之中，凸显贵州的生态和文化特色。二是品质。独特的品质是凸显特色的关键。要不求产品数量，但求产品质量，依靠贵州独特的稀缺资源和要素，实行高端化和精品战略，打造一批具有独特品质的高附加值产品和服务。三是精细。要实行精耕细作，进行深度和系列开发，提高产品和服务的生态、文化和技术含量。四是绿色。要不求产品一般，但求产品绿色，追求绿色、有机和原生态，为国内外市场提供多样化、系列化的绿色产品和服务。

未来贵州的发展只有突出个性、品质、精细和绿色，才能凸显贵州的特色，克服土地和交通的障碍，强化对生态环境与科技人才的依赖。走一条符合贵州实际，契合国家转型发展要求的发展道路。过去因为基本消费品短缺，居民消费需求简单，这条道路难以施行。但在新时期，居民收入普遍提高且人们更加关注生态质量、绿色环保和产品质量，这条道路有了现实的可能性。

贵州走特色发展的道路，必须牢牢守住"发展"和"生态"两条底线，把贵州生态和文化特色融合于经济、社会和生态建设各个领域、各个行业以及规划、设计、开发、建设和管理全过程。譬如，在推进新型工业化的过程中，必须根据贵州省情和发展特点，积极培育一批具有贵州特色的生态型产业链，构建特色生态型产业体系。重点要培育四条特色生态型产业链：一是建立在生物资源基础上的绿色食品及生物医药产业链，包括特色种植业、生态养殖业、绿色食品、绿色饮料、生物工程、医药制造等；二是建立在山水和民族风情旅游资源基础上的文化旅游产业链，包括观光游览、体验探险、休闲养生、娱乐购物、文化创意、会议会展等；三是建立在矿产资源综合开发基础上的绿色矿业及精深加工产业链；四是依托良好生态和发展环境培育起来的绿色装备制造和电子信息产业。在推进新型城镇化的过程中，不能照搬沿海平原地区的做法，大搞"七通一平"、"八通一平",避免将山地夷为平地,而应依山就势,保护好自然生态环境,充分利用荒山荒坡,建设一批生态型园区、生态型城镇、生态型企业、生态型社区,走山地城镇化的道路。

(二) 实施三步走战略

贵州要实现绿色跨越赶超,与全国同步基本实现现代化目标,大体可以考虑实施三步走战略。具体如下:

1. 2020 年前:加快发展时期

这段时期是贵州快速发展的黄金时期,尽管国际金融危机的影响至今还没有消除,但贵州处于工业化与城镇化双加速时期,比全国有更快的增长速度完全有可能实现。要坚持速度与质量并重,在快速发展中提高发展质量,力争期末与全国同步实现全面小康社会目标,或者接近全面小康社会目标。在产业发展上,培育本土优势产业与积极承接发达国家或地区、我国东部沿海地区产业转移相结合,制定与贵州发展战略定位相符合的产业准入环境标准,坚决杜绝引进污染产业,力争实现城乡居民收入同步增长。在经济驱动力上,要注重发挥投资拉动的作用,强化科技、教育和人力资本投入,充分利用国家和发达地区的援助。

2. 2020—2035 年：巩固提升时期

经过前一时期的快速发展，贵州的主要发展矛盾将由数量差距转化为质量差距。这段时期，要进一步巩固提升已有的发展成果，更加注重发展的质量，在保证质量的前提下，追求发展速度，尽力弥补与全国发展质量方面的差距。在产业发展方面，推动实现承接转移产业与本土产业的融合，形成富有竞争力的特色生态型产业体系。在经济驱动力上，逐步依靠消费拉动经济发展，形成"造血型"增长长效机制，对国家和发达地区支援的依赖程度逐步降低。

3. 2036—2050 年：全面推进现代化时期

经过前两个时期量的增长和质的提升，贵州经济社会发展水平逐步接近全国平均水平，力争期末与全国同步实现现代化目标。在产业发展方面，形成富有国际竞争力的特色生态型产业体系。在经济驱动力上，逐步依靠创新带动经济发展，实现"自主性"发展，成为全国后进地区绿色崛起的示范区、全国多民族地区和谐发展的样本区。

（三）把握五大原则

当前，贵州要实现绿色跨越式发展，必须把后发赶超与加快转型有机结合起来，在发展中促转变，在转变中谋发展。在这样一个特殊的发展时期、发展阶段，更要求贵州谋定后动、科学发展，坚持"规划统领、政府引导、市场主导、中央扶持、全民参与"的原则。

1. 规划统领

通过规划将发展理念、思路、目标、战略和任务具体化，增强发展道路的明确性、科学性和可操作性。

2. 政府引导

在关键环节确定政府发挥作用的空间，并与市场竞争的边界形成有效对接，解决市场竞争解决不了的问题。

3. 市场主导

按照市场规则行事，让市场发挥资源配置的基础作用，让政府从市场竞争具体领域里抽身出来，最大限度地提高资金的使用效率。

4. 中央扶持

贵州的发展离不开中央政府在各方面的扶持，要在关键环节力争取得中央政府支持，解决地方政府解决不了的问题。

5. 全民参与

贵州发展不能将眼光只盯着外来投资，更要重视内部民间资本的积极参与。重大决策要倾听全省居民的意见，发展成果要让全省居民共享。

（四）突出四大理念

作为后发地区，贵州的跨越赶超必须是有别于传统发展模式的绿色跨越赶超，必须从根本上摒弃高消耗、高排放、低效率的外延式粗放发展模式，坚持"赶转结合"，以转变发展方式为前提，以科技进步为动力，走出一条不以大量消耗能源资源和牺牲生态环境为代价，经济发展与生态环境保护高度融合，超常规、高水平、可持续、集约化的跨越式绿色发展道路。为此，必须树立"全域生态化、产品高端化、信息化引领、软实力驱动"四大理念。

1. 全域生态化

贵州生态环境良好，空气清新，被誉为"天然氧吧"，是理想的旅游、休闲和避暑胜地。生态环境是贵州可持续发展的基础，也是一切经济社会活动的基石。要以"全域花园"理念推进贵州生态化建设，包括生态化城镇、生态化工业、生态化交通、生态化农业建设等。真正建成为生态大省、强省和名省。

2. 产品高端化

自然地理条件决定了贵州不能走产品大众化道路，必须追求产品的稀缺、高品质、高附加值。不求数量，但求品质；不求一般，但求特色；不求充足，但求稀缺；不求物美价廉，但求至尊价高。要依靠"品质、特色、稀缺、高端"取胜，强调单位产品的财富创造能力，以高附加值消化相对高昂的土地开发成本、物流成本、配套成本，打造特色高端精品的摇篮。

3. 信息化引领

贵州的跨越赶超，需要新型工业化、新型城镇化、信息化和农业现代化"四化"同步。然而，面对新一轮的新技术革命浪潮，贵州要强占发展制高点，就必须发挥信息化的引领作用，依靠信息化引领和支撑工业化、城镇化和农业现代化。尤其是，贵州多山，交通建设成本高昂，要高度重视通信设施建设，通过信息化突破时空制约，带动工业化和城镇化，实现三化融合、四化同步。拓展虚拟经济空间，实现虚拟经济带动实体经济发展的目的。

4. 软实力驱动

从中短期看，基础设施滞后、资本短缺、技术装备落后等硬实力因素严重制约了贵州的发展；但从长远看，理念、品牌、形象、文化、制度等软实力因素，却是制约贵州发展的关键因素，也是影响贵州能否实现跨越赶超的决定性因素。区域软实力建设最终取决于教育和人才。因此，贵州要实现绿色跨越赶超，在注重硬实力建设的同时，更应高度重视软实力建设，大力发展教育和人才培养，强化观念更新，推进品牌和形象建设，加快体制机制创新，注重管理和文化建设，不断提升软实力，充分发挥软实力的驱动作用。

第六章 推动贵州绿色转型发展的战略选择

一 实施教育立省战略，强化人力资本积累

人力资本理论认为，人力资源是一切资源中最重要的资源，人力资本的积累和增加对经济增长与社会发展的贡献远比物质资本重要得多。特别是随着工业化的推进和知识经济的到来，人力资本作为一种具有创新性和创造性，能够有效配置资源、灵活应对市场变化的"活资本"，将比物质、货币等硬资本具有更大的增值潜力和增值空间。许多发达国家和地区的经验也证明，人力资本能够对经济发展产生更高的贡献率，是主导区域竞争的核心要素之一。据统计，美国 1990 年人均社

会总财富的59%来自人力资本，同样，人力资本的贡献也是德国、日本、加拿大等国家社会财富和竞争力的主要来源。

贵州是全国文化教育最落后的省份之一，虽然"两基"工作于2009年通过了国家督导评估验收，但由于基础薄弱、欠账较多等多方面原因，人均受教育年限低于全国平均水平，每万人拥有科技人员数仅为全国平均水平的40%，人才综合竞争力在全国和西部地区均处于落后位置。教育发展滞后、人口素质偏低、各类人才匮乏、创新能力羸弱，已经成为制约贵州经济社会发展的重要瓶颈。未来，贵州要实现跨越式发展，必须提高人口素质、加强人力资本积累，而教育是培育和获得人力资本的主要途径。因此，未来贵州应紧密围绕经济社会发展需求，立足基础教育、职业教育、高等教育、继续教育四个层次，依托高校和科研院所、重点企业和支柱产业、基地和攻关项目等多种平台，着力提高全民素质，大力培养贵州发展所需的各类人才，全面实施"教育立省"战略，积极推进教育"9＋3"计划。

（一）强化系统教育

"教育立省"战略的核心就是要把发展教育放在优先位置、基石位置，加强对人力资本的投资，在基础教育、职业教育、高等教育和全民教育四个层次开展系统教育，积极推进教育"9＋3"计划，全面提高人口素质。

1. 基础教育均衡化

科学规划中小学布局，积极推进"高中向县市区和中心镇集中、初中向中心镇和市区集中、小学向镇区所在地集中"，以及"高初、小幼一体化"，实现基础教育的集中办学和标准化办学，优化基础教育办学条件；实施城（镇）教师交流帮扶制度，引导城区学校教师到农村及边远学校轮岗支教和"名师走课制"，依托省、市级骨干教师和学科带头人，实施"送课下乡"工程，把最前沿、最先进的教育理念和教学方法带到农村，缩小城乡教育差距；建立中小学教师全员培训制度，提高中小学教师业务教学与管理能力，优化基础教育的师资队伍建设。总之，要大力推进城乡教育一体化、基础教育均衡化，确保贵州省基础教育质量不断提升。

2. 职业教育本土化

立足贵州省社会经济发展需要，通过实施"校企结合""校产（业）结合"，建立职业技能型人才的特色化培养模式，形成面向重点产业发展需求、面向贵州市场需求、面向农村劳动力转移需求的本土化职业教育培训机制，提高职业教育的针对性、应用性，促进职业教育质量的提高。

3. 高等教育特色化

加快高等教育改革，积极推进高校办学主体多元化、教育结构多样化、专业设置合理化；促进高校招生录取率包容性增长，逐步实现高等教育的大众化；紧密围绕贵州省经济社会发展需要，大力发展与贵州省工业化、城镇化、支柱性产业发展、经济社会管理需求相适应的特色专业院校，如工业院校、农业院校、旅游院校、城市管理院校等，促进贵州高等教育特色化、专业化、优质化。

4. 继续教育全民化

以单位、社区、基层组织、家庭为平台，广泛开展继续教育，加强学习型单位、学习型社区、学习型基层组织、学习型家庭建设，把贵州构建成为学习型社会，积极推动继续教育全民化、终身化、普及化，促进贵州人口素质的提高和思想观念的转变。

5. 积极推进教育"9+3"计划

积极推进"9+3"计划，巩固提高9年义务教育水平和实行3年免费中等职业教育。重点需要：优化中小学布局调整；加快推进义务教育阶段教育信息化；建立健全义务教育"控辍保学"工作长效机制；扩大中等职业学校办学规模；提高中等职业教育人才培养质量；加强义务教育和中等职业教育师资队伍建设。

（二）加强人才培养

根据贵州发展模型，要实现贵州的跨越式发展，必须进一步提高科技进步对经济增长的贡献份额，显著提高劳动生产率，而其核心是要加强人力资本积累和人才队伍建设。即，一要促进人才数量的发展，着重解决贵州的人才缺口问题；二要提高人才质量，提高党政领导干部、管理经营队伍、技能型人才及普通劳动者的综合素质；三要改善人才结构，重点是要培养与贵州工业化、产业化、城市化要求相适应的创新性人才和实用性人才。可以考虑从以下三个途径加强人才培养：

一是依托高校、科研院所联合培养基础性实用人才。以产业发展紧缺急需专业人才为导向，依托高等院校和科研院所的专业优势，建立"政府—企业—高校"统筹合作机制，充分发挥政府在人才培养战略中的主导作用，校企、研企在人才培养中的主体作用，围绕贵州经济社会发展目标，重点培养与贵州工业化、产业化、城市化以及公共服务、社会管理相适应的人才队伍，满足贵州经济社会发展的基础性人才需求。

二是依托重点企业和支柱性产业培养骨干性技术人才。工业化、城市化的发展必然会推进贵州规模企业、支柱性产业以及产业集群的发展，从而对人才发展产生量和质的双重需求。要依托这些重点企业、支柱性产业和产业集群，加强人才资源的开发，通过"定单式"培训、驻地培训和派遣培训，大力培养创新性与实用性技术骨干人才，使重点企业、支柱性产业和产业集群成为骨干性技术人才的"蓄水池"。

三是依托基地和攻关项目重点培养创造性研发人才。以贵州省重点产业、优势产业为核心，以基地和项目为载体，大力发展高新技术产业实验基地和实验园区，鼓励引导大型骨干企业培育自主研发能力，而中小企业则以合作的方式联合研发，形成"依据产业建基地、依靠基地引项目、依托项目育人才"的人才培育机制，推进高新技术攻关，培养创造性、创新型科技研发人才。

四是要积极实施支撑"5个100工程"的人才政策。紧密围绕贵州省提出的"5个100工程"，扎实开展"5个100工程"人才引进，加强"5个100工程"人才培养，注重"5个100工程"的人才使用。

二　实施"大数据+"战略，
加快新型工业化步伐

根据钱纳里的工业化发展阶段理论，目前贵州总体上仍处于工业化初期阶段。作为一个国土面积17.6万平方千米、有着4000多万人口、经济发展尚处于中下收入阶段的省份来说，贵州要实现跨越式发展，离不开新型工业化的强力支撑。所谓新型工业化，就是发展科技含量高、消耗低、污染少、效益好、人力资源得到充分利用的工业类型。贵州是我国第一个国家级大数据综合试验区，要利用大数据产业蓬勃发展的优势，深入推进"大数据＋"战略，以大数据为引领，大力发展电子信息产业，推动大数据与实体经济深度融合发展，利用数字化、信息化、智能化、清洁化改造提升传统优势产业。坚持以信息化带动工业化，以工业化促进信息化，走具有贵州特色的绿色、生态、高效、可持续的新型工业化道路。

根据贵州经济社会发展模型的预测分析，如果新型工业化顺利推进，2020年后，贵州将进入工业化中期阶段；2040年后，贵州将进入工业化后期阶段。针对这一目标，贵州实施"工业强省"战略的重点应包括：

（一）运用"大数据＋"改造提升传统产业

能源化工产业和资源加工产业是贵州的传统优势产业，但普遍存在企业规模小、科技含量低、产业链条短、产品附加值少、环境污染大等问题。贵州省走新型工业化道路，要充分发挥自身优势，积极运用近几年蓬勃发展的大数据产业，推动大数据与传统产业深度融合，利用数字化、智能化手段改造提升传统产业。按照发展循环经济的要求，以资源为依托，在优势矿产资源开采、加工、生产、利用的过程中，合理布局，优化配置，大力发展精深加工产业，不断延伸产业链条，丰富产业类型和产品类型，实现优质资源的协调配套高效利用；以节能、降耗、减排、增效为方向，加快运用清洁生产技术、大数据云计算技术以及其他先进适用技术改造提升传统产业，重点抓好煤炭、化工、冶金、电力、建材等传统优势产业的优化升级；推进企业兼并重组整合，发展一批大型企业集团，进一步提高资源利用效率，促进资源开发生产的规模化和集约化；在优化整合传统煤、电产业的同时，稳步推进水电、天然气等清洁能源的研发和利用，发展各种清洁无污染的新能源，做大做强能源产业；积极推进煤电钢、煤电铝、煤电磷、煤电化以及铝、钒、锰、钛、钡等资源精深加工一体化，建立资源精深加工和循环经济示范基地。总之，要通过资源整合和科技创新，不断提升贵州传统产业层级、延长产业链、提高产品附加值，促进贵州传统优势产业高新化、高端化、清洁化和规模化，把贵州建设成为全国重要的绿色能源化工及资源深加工基地。

（二）大力发展特色优势产业

首先，贵州是我国三线建设的重点地区，具有深厚的国防工业和装备制造业基础，要加快发展航空航天装备、能矿产业装备、汽车及零部件、工程机械、冶金机械、农业机械等特色产业。坚持"高端引领、军民统筹、优化聚集、重点带动"的原则，依托原有军工企业的技术、人才和产业工人队伍，带动实施一批军民结合项目，继续做强军工、开拓民品、扩大市场，着力开发市场前景好的新技术、新产品，鼓励大型骨干企业转型升级，进一步提升创新驱动发展的能力，整合资源，做强存量，扩大增量，积极建设航天航空产业基地、无人机基地、高端电子元器件生产基地。其次，贵州具有丰富的生物多样性。应充分利用其多样性的生物资源，大力发展具有贵州特色的绿色农产品和食品工业，重点发展白酒、中医药、烟草等特色产品，构建具有贵州特色和比较优势的轻工产业体系，大力建设高端白酒基地、优质烟草基地、中药现代化生产基地和绿色有机食品加工基地。总之，要依托贵州的特色优势资源，大力发展特色优势产业，努力培育出一批高品质、高附加值、具有强大市场竞争力的知名产品和知名品牌，实现产品品牌、企业品牌与区域品牌的良性互动。

（三）积极培育战略性新兴产业

2010 年，国务院审议通过了《关于加快培育和发展战略性新兴产业的决定》，从国家层面大力推动战略性新兴产业的发展。2016 年，贵州获得国家支持，成立了我国首个国家级大数据综合试验区。贵州省应牢牢把握这一历史机遇，坚持有所为有所不为，按照"坚持领先发展、推动区域突破、加快提质升位"的原则，突出"抓龙头带动、抓重点突破，抓产业链延伸"，优先推动以大数据、云计算为重点的新一代电子信息产业，加快发展新材料、高端装备制造等战略性新兴产业，集中力量推动贵阳、遵义、贵安新区等重点区域突破。特别是要以大数据为引领，大力发展电子信息制造业、软件和信息技术服务业、物联网、云计算、电子商务等，形成现代化电子信息产业集群。同时，加大产业链招商引资力度，出台优惠政策鼓励人才引进，支持优势产业和特色产业做大做强，积极发展战略性新兴产业，力争在战略性新兴产业领域跻身全国前列，培育打造促进贵州工业发展的新增长极。

（四）统筹加强产业园区建设

产业园区是区域经济发展和产业转型升级的重要空间载体，具有聚集创新资源、培育新兴产业、推动城市化建设的重要功能。从全国的实践来看，园区的形式可以灵活多样，常见的有高新区、开发区、科技园以及近年来兴起的产业新城、科技新城等。目前，贵州省委、省政府在评估省内园区的基础上，筛选了 111 个产业园区纳入 100 个产业园区成长工程，并制定了相应方案。100 个产业园区建设是未来一段时间贵州省产业发展的重点战略任务。

（五）促进产业结构优化升级

在经济全球化背景下，国际产业分工更多地由以往的垂直分工转向水平分工，由以自然资源为基础的分工转向以现代生产技术为基础的分工。而国际金融危机的经验也告诉我们，那些长期处于产业链低端环节、低附加值的产业，较之拥有较高技术含量和自主品牌的产业更易受到冲击。当前，国内外产业格局加速调整，而贵州本身也正处于经济加速发展的新时期。贵州应充分利用这一契机，不遗余力地推进新型工业化，建设全国重要的大数据产业基地、绿色能源和化工基地、特色先进装备制造业基地、特色珍稀食品和绿色农产品基地、特色生物医药产业基地等，同时围绕支柱产业大力发展生产性服务业，促进产业体系向微笑曲线（见图 6-1）两端延伸并上移，努力在区域产业分工中占据优势地位，在国际产业价值链中占领高端环节，大幅提升产业及单位产品的盈利能力。

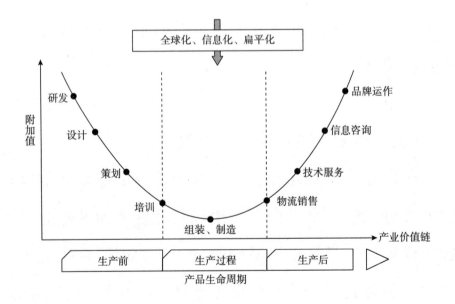

图 6-1　微笑曲线

三　实施新型城镇化战略，统筹城乡区域发展

积极推进城镇化，是实施高方案发展战略、促进贵州跨越式发展的基础条件之一。城镇化的演进具有典型的生命周期，即经过培育期、加速期，最后进入比较稳定的状态。2010 年贵州城镇化率突破了 30% 的临界点，进入加速发展时期。根据高方案，到 2020 年，贵州城镇化率应达到 50% 以上，实现从农村社会向城市社会的过渡。到 2035 年，贵州城镇化率应达到 65% 左右，随后进入平稳发展期（见图 4 - 2）。从城镇化的演进规律来看，城镇化发展一般分为两个阶段：第一阶段是城镇化的聚集阶段；第二阶段是城镇化的分散阶段。两个阶段所面临的发展任务具有很大的不同。未来，贵州应大力推进新型城镇化战略，并注意根据城镇化的不同发展阶段而采取不同的发展策略，促进城乡区域统筹发展。

（一）坚持走具有贵州特点的新型城镇化道路

贵州山地多，平原少，地形破碎，生态脆弱。在此

条件下，贵州省城镇化以科学发展、后发赶超、同步小康等原则为指引，围绕主基调和主战略，坚持"四化"共同发展，针对贵州省的地理和民族的特点，严格按照"节约、集约、绿色"的原则，走集约化、差异化、生态化、立体化的具有贵州特点的新型城镇化道路。

所谓集约化，就是针对贵州"山地多、平原少"的特点，坚决不搞低水平重复建设和粗放式外延扩张，而是通过单位土地面积上要素投入的集中、要素质量的提高、要素配置的优化，最大限度地节约土地、增进效益，实现城镇化高水平、高质量的集约发展。

所谓差异化，就是根据贵州复杂多变的地形地貌和发展条件，坚持因地制宜、差异发展、区别化管理，走多样化、特色化、专业化的城镇化发展道路。

所谓生态化，就是尊重自然，不以大量消耗能源资源和牺牲生态环境为代价，采取城市建设、经济发展与生态环境保护有机融合的绿色发展模式，追求城镇化速度与质量并重。

所谓立体化，就是根据贵州的山地特点，抓住国发2号文件将贵州确定为"全国开展未利用低丘缓坡实施工业和城镇建设试点地区"的契机，依山就势，创新土地利用方式，实现城镇的立体化建设、立体化发展。

（二）做大做强黔中城市群

经过改革开放以来的长期发展，目前贵州正处于第一阶段的城镇化聚集向第二阶段的城镇化扩散的过渡时期，即中心城市经过长期聚集发展后开始向外围地区分散，并在中心城市外围形成更大规模的聚集，经济活动空间得以空前扩张。在这一阶段，贵州城镇化应重点实施中心城市带动战略。首先，依托贵阳老城区，发挥其集聚辐射作用，带动观山湖区和贵安新区发展，将贵阳作为中心城市，推进贵阳城区向西拓展，形成贵安一体化发展新格局，打造引领全省经济社会发展的"火车头"和"发动机"；其次，坚持新区先行先试，按照城乡统筹、创新发展、开放开发的原则，推进贵安新区基础设施建设，结合新区重点产业发展加强，引资和引智互动，狠抓项目落实，按照"一年有框架，两年有效果，三年有形象，五年大发展"的步骤，为贵州全省城市的有序发展提供样板和示范；再次，坚持以线串点、以点带面的发展格局，推进以贵阳—安顺为核心，遵义、毕节、都匀、凯里等中心城市为支撑，快速交通通道为主轴的"一核三带多中心"空间格局，将黔中城市群打造成为带动经济社会发展的核心区域；最后，依托交通干线，立足资源和产业基础，打造贵阳—遵义、贵阳—都匀—凯里、贵阳—毕节经济带，促进产业集中、集聚、集群发展，增强城镇的就业吸纳能力。

（三）促进城镇体系相对均衡发展

到 2020 年，贵州城镇化水平将达到 50% 左右，进入城镇化发展的第二阶段，即城镇化由聚集走向分散，其发展重点由城镇的数量增加和空间扩张转向结构优化和质量提升。在这一阶段，除了要继续做大黔中城市群，还要积极培育区域中心城市、加强小城市和小城镇建设，建立完善城镇体系。首先，大力培育区域中心城市。建设形成遵义、六盘水、安顺、毕节、铜仁等一批区域中心城市，发挥中心城市对小城市（县城）和小城镇的辐射带动作用。其次，促进小城市（县城）健康发展。以铁路和公路网络节点上的小城市为重点，发展县域经济，推进城乡规划、基础设施、公共服务和就业体系一体化，引导农村人口向非农领域转移，增强小城市对城镇化的支持。最后，加快推进小城镇建设。以小城镇为载体，推动农村人口就地就近就业。突出自然、历史、文化特色，结合城镇自身条件，按照风景美、街区美、功能美、生态美的原则打造一批宜居小镇，建成一批交通枢纽型、旅游服务型、绿色产业型、工矿园区型、商贸集散型城镇。

（四）促进城乡一体化发展

一方面，将城镇化与工业化结合起来，通过城镇化强有力地推动工业发展，促进服务业繁荣，为农村富余劳动力的转移和城镇化提供就业机会；另一方面，将城镇化与新农村建设有机结合起来，通过城镇发展带动乡村发展，推动城市经济（如制造业）、基础设施、公共服务向农村地区扩散。主要包括：积极建设100个现代高效农业示范园区，实施"四在农家·美丽乡村"行动计划，提高农业现代化和农村经济社会发展水平，推进城乡一体化发展；着力培养县域经济，加强经济强县建设，促进生产要素自由流动；重视小城镇的作用，建设100个示范小城镇，强化小城镇对周边农村的辐射；统筹城乡基础设施建设，在农村地区进一步完善道路、供水、垃圾处理等设施；统筹城乡社会事业发展，推动城镇公共服务向农村地区拓展，逐步实现城乡基本公共服务均等化。

四 实施全域生态化战略，强化环境保护与生态建设

贵州是典型的山区，地质结构复杂、断裂纵横，切割强烈、地形破碎，加之降雨丰富，植被覆盖率尚达不到山区生态安全要求，导致生态环境恶化，地质、气象变化引发的滑坡、崩塌、泥石流、喀斯特塌陷、旱灾、暴雨洪涝、冰雹等自然灾害频发。贵州要实现绿色跨越发展战略，必须按照"五位一体"总布局的要求，把生态文明建设放在突出地位，融入政治、经济、社会、文化建设，实施"全域生态化"战略，努力建设美丽贵州、生态贵州，真正把贵州的"绿水青山"变为"金山银山"。

（一）继续提高森林覆盖率和林木蓄积量

贵州的森林覆盖率虽然高于全国平均水平 20 个百分点左右，但是仍然低于大西南地区的云南、广西和四

川。频繁发生的自然灾害说明，贵州现有的森林覆盖率和林木蓄积量仍然不足以保障贵州的生态安全，也难以胜任国家对贵州生态环境保护的战略要求。要转变发展方式，调整农业结构，继续执行退耕还林政策，进一步提高森林覆盖率和林木蓄积量。

（二）加快推进贵州省国家公园试点工作

积极推进主体功能区建设，妥善解决生态环境保护与经济社会发展之间的关系，从地域空间上科学划定发展区与保护区，按照主体功能区规划，科学确定各地域板块的发展方向，尤其要严格保护生态涵养区。加快推进贵州省国家公园试点工作，加强对梵净山、荔波喀斯特地貌区、北盘江等重点区域的生态环境保护，积极争取国家在贵州省国家公园建设方面的政策支持。

（三）严格环境准入审批制度

按照贵州省的功能定位，制定严格的环境准入标准和审批制度。在快速工业化与城镇化背景下，切忌饥不择食，盲目招商引资。对发达国家和地区的转移产业，要严格环境准入审核。对不符合环境保护要求的项目，要坚决舍弃。

（四）加大生态补偿力度

贵州承担了重要的生态保护职能，为中部、东部经济社会的可持续发展提供了巨大的支撑作用，也对自己的发展做出了巨大的牺牲。要积极争取国家支持，在已有生态补偿的基础上，进一步提高补偿的标准和范围，真正调动起贵州保护生态环境的积极性。

（五）建立生态保护公益基金

多方面争取资金，设立贵州省生态保护公益基金，争取中央财政注资，争取贵州省财政每年按一定比例注资，争取社会各界捐资。完善生态保护公益基金的运作机制，确保将资金运用到最有生态保护价值的地方。

（六）加大生态移民力度

对那些确有生态保护价值而原住民生存条件困难、脱贫无望的地区，要实施生态移民工程。可以采取整体搬迁、分散搬迁、投亲靠友等方式，移居到有生存条件的地方。在生态移民过程中，要尊重居民的选择意愿，要强化生态移民的政策与资金扶持力度。

（七）加强环境污染防治

随着贵州省工业化、城镇化和农业现代化的发展，污染物排放逐渐增加，水污染和大气污染日益严重，加之基础设施和环境管理能力薄弱，环保工作面临巨大挑战。为此，要坚持在保护中发展，在发展中保护，强化环保理念和基础设施建设，把环保作为绝不放松的底线，以废水、废气、废渣污染防治为重点，加强环境保护。近期重点需要：建设示范小城镇污水及垃圾收集处理工程；建设磷化工企业、酿酒企业废水治理设施；增建标准化工业渣场和煤矿污水处理站；完善相关立法；加强环境监管。

（八）强化生态环境保护的地方政府责任

贵州要实施绿色跨越发展战略，必须转变发展方式和管理模式，倡导和追求绿色 GDP 增长，强化地方政府的生态环境保护职责，加大生态环境保护的考核力度。地方党政一把手任职到期或者升迁时，不仅要搞离任经济审计，更要搞离任生态环保审计。生态环保审计不过关的，不仅不能升迁，还要受到相应的行政处罚。触犯刑律的要受到法律制裁。

五　实施扶贫攻坚战略，促进
民生改善与社会和谐

贵州是我国贫困人口分布比较广泛的省份，贵州实施绿色跨越发展战略，不能忽略了扶贫攻坚任务。要将扶贫攻坚纳入全省总体发展战略之中，纳入全省重大决策之中，纳入地方政府政绩考核之中。扶贫攻坚，要有创新性思维，要有针对性举措，要有阶段性成果。

（一）依靠发展扶贫

贫困的根源是不发展。扶贫不能简单依靠救济。只有依靠发展，才能完成脱贫。对国家给予贵州的扶贫资金，要与工业强省和城镇化战略统筹考虑，集中扶贫资金使用。同时，要与改善民生结合起来。真正形成"统筹使用扶贫资金—推动地方经济社会发展—发展成果让贫困居民共享"这样一种内生性的扶贫攻坚机制。

（二）依靠保护扶贫

在实施扶贫攻坚任务时，要注意保护民族传统文化，包括民居、民族服饰、民族歌舞、民俗文化、民族餐饮、民族传统医药等物质与非物质文化遗产，并与发展民族文化旅游结合起来。发展是扶贫，保护也是发展，保护也是财富，保护也是扶贫。要大力发展民俗村、农家乐，真正走出"保护民族传统文化—发展民族文化旅游—实现脱贫"这样一种内生性的扶贫攻坚路子。

（三）依靠对口扶贫

贵州是欠发达省份，依靠自身能力实现脱贫的难度较大。要发扬社会主义政治体制的优势，采取对口帮扶的形式，让其他发达省份与贵州结成帮扶对子，形成对口市（地州）、对口县（市）、对口乡（镇）、对口村、对口户，采取捐资、助学、技术辅导、信息交流、生产协作、产品包销等手段，使被帮扶对象尽快脱贫致富。

（四）依靠政策扶贫

贵州是全国连片特困地区，连片特困地区覆盖了全省65个县级行政区，占全省总县数的73.9%；覆盖国土面积14.2万平方千米，占全省国土总面积的80.7%；覆盖农村人口2668万人，占全省农村人口总数的77.5%。如此集中连片的特困地区，世上罕见。鉴于其贫困程度而且集中连片，建议国家将贵州省整体列入全国连片特困地区，设立扶贫政策特区，在产业发展、教育、文化、人才、医疗、就业、工资、科技、计生、税收、信贷、土地使用等方面出台一揽子扶贫政策。依靠政策，聚集发展要素，聚集产业，脱贫致富，改善民生。

（五）依靠工程扶贫

扎实推进扶贫生态移民工程。结合"四化同步"、特色小城镇建设和农村危房改造，大力实施扶贫生态移民，以小城镇、产业园区为主要安置区，建立健全住房、土地、就业和社保等一系列配套政策，实现移民"搬得出、留得住、能就业、有保障"。

六　实施开放带动战略，加强对内对外合作

贵州地处"一带一路"和长江经济带的中间腹地，国发2号文件也明确提出要把贵安新区建设成为内陆开放型经济示范区，贵州应牢牢抓住这一机遇，充分发挥地处西南重要陆路交通枢纽的区位优势，利用一带一路、中国—东盟自由贸易区、大湄公河次区域、长江经济带等平台，进一步扩大对内对外开放，参与国际国内合作，实施开发带动战略，构筑中国内陆开放的新高地。

（一）全面加强区域合作

首先，应扩大区域合作范围。加强与周边地区交流合作，拓展合作空间和领域，特别是要搞好与珠三角、长株潭、成渝等经济区的对接融合，实现基础设施互联互通，要素资源自由流动，区域产业分工协作。同时，以产业园区为载体，积极有序承接国际和东部沿海产业转移，力争成为内陆地区承接粤港澳经济辐射、对接东部地区产业转移的桥头堡。

其次，要创新区域合作方式。大力培育各类市场主体。采取多种形式、多种途径共建产业园区。在对口帮扶、对口支援中加入东西合作兴办园区，园区与东部企业直接对接，企业联合协作等多种形式，主动承接国际和东部沿海发达地区的产业转移。鼓励开展境外资源合作、加工合作和劳务合作，大力发展加工贸易。

最后，应完善区域合作机制。积极探索省际产业转移协调机制，完善区域协作，缩小与东部地区在市场准入、土地征用、人才流动、信息共享等方面的差距，加强与珠三角、长三角、长株潭、成渝等地区的经济联系与沟通。

（二）进一步扩大对内对外开放

首先，依托贵安新区建设面向大西南的综合性国际陆港。国际陆港是依照国际运输法规、条约和惯例设立的对外开放的通商口岸，是沿海国际化港口在内陆经济中心城市的支线港口和现代物流的操作平台，其标志特征是直接融入国际物流网络，为内陆地区经济发展提供现代高效的国际通关和运输服务，是内陆地区融入全球经济体系的重要通道。应依托贵安新区，加快申请设立综合保税区等海关特殊监管区，将保税区、出口加工区、保税物流区、无水港等功能叠加其中，打造面向大西南的综合性国际陆港，既可以将贵州省的优势产品就地"一站式"完成订舱、报关、报验、签发提单等一切通关手续，降低出口企业物流成本，输往国外市场；又可以改善贵州省投资环境，吸引相关出口企业前来办理出口手续，提升贵州省在整个西南地区的辐射力和区位优势。

其次，要进一步加大招商引资力度。搭建招商引资平台，完善招商引资政策，落实招商引资责任制，为引进企业提供宽松的政策环境和周到的政务服务。把招商引资与产业升级、招才引智有机结合起来，以园区为主要载体，大力发展以商招商、产业链招商和企业并购等多种形式，提高招商引资效率和专业化水平。

最后，要鼓励"引进来、走出去"。全面提高对外开放水平，在大力招商引资的同时，鼓励有条件的企业走出去，在海外建立研发中心和原料基地，开展境外工程承包、劳务合作和服务外包等，积极参与国际竞争。

第七章 促进生态脆弱地区绿色转型发展的政策建议

作为两江上游，贵州是我国生态脆弱地区的典型代表，承担了国家生态安全等重要功能，也是我国贫困问题最突出的省份。如何通过绿色转型方式带动地区经济发展，是目前亟待解决的重要问题之一。根据对贵州省社会经济发展的全方位分析，本报告从产业、环境、金融、财税、投资、土地、人才、开放、帮扶九个方面提出以下政策建议：

一 产业政策

1. 实行差别化的产业政策

根据国家产业布局和专项规划，实行差别化的产业政策，支持发展资源深加工、精加工产业。将贵州特色优势资源性产业列入西部地区鼓励类产业目录和外商投资优势产业目录。有条件就地加工转化的资源项目，如磷化工、煤化工、有色金属、装备制造、新能源、新材料等重大项目，在贵州布局建设并优先审批核准。支持大数据、云计算、信息技术产业、生物制药、节能环保等新兴产业发展，支持装备制造、食品饮料、现代中药等优势特色产业发展，推动工业向高端化、高新化迈进。除《产业结构调整指导目录》《外商投资指导目录》和《中西部地区外商投资优势产业目录》禁止的项目外，下放项目投资审批权限，由贵州省审批，报国家有关部委备案。

2. 支持贵州省加快产业发展和结构调整

根据贵州省发展战略定位、产业方向和生态环境要求，设立贵州省产业引导目录，明确优先发展、鼓励发展的重点产业，加快落后产能、低端产业的退出步伐。在产业引导目录的基础上，设立重点产业、战略性新兴产业发展专项资金，用于培育和引进重点企业发展、新兴产业发展和重点项目建设，以及支持重点产业、战略性新兴产业的核心技术攻关、创新能力提升、产业链关键环节的培育、创新型企业孵化等，加大对重点产业、未来型产业的支持扶持力度。

3. 设立鼓励企业创新发展的专项资金

设立企业科技研发资金，鼓励企业进行自主研发、技术改造和产业结构调整，加大对优势产业、重点企业的支持力度；设立民营与中小企业发展资金，在创新基金、企业技改贴息和生产补助资金等方面给予倾斜。对有色、冶金、磷化工等支柱性产业生态化升级改造项目给予专项资金支持，在出口退税、协议电价等方面加大优惠力度，对有一定比较优势的装备制造业、民族制药、高新技术和刚发展起来的煤化工，以及特色农产品加工给予支持。

二　环境政策

1. 全方位加强污染防控

按照国家《生态文明体制改革总体方案》和节能减排的总体要求，合理确定贵州省节能减排指标和主要污染物排放总量。在工业方面，加快运用清洁生产技术、大数据、云计算技术以及其他先进适用技术改造提升传统工业，大力发展绿色循环经济，严格控制各类污染物排放，加强工业废弃物的循环利用和无害化处理。在农业方面，继续加大农业面源污染的防治和土壤环境监测执法力度，进一步加强农药的登记管理，对农药的生产、经营、使用进行全过程监管，强化化肥的科学合理使用，实行化肥总量控制，鼓励多用有机肥，提高化肥使用效率。在其他方面，提倡绿色低碳生活，尽可能减少不必要的生活垃圾，加强生活垃圾、旅游垃圾等的有效管理、分类收集和科学处理。

2. 加强生态环境保护与建设

积极争取将贵州省纳入国家公园体系，大力推动环境保护与生态建设全域化。力争将贵州省水土流失和石漠化治理纳入国家重点治理工程，提高生态环境保护和建设投资标准，增加退耕还林还草指标，根据实际情况适当提高石漠化地区荒山造林、退耕还林的补助标准。

3. 建立生态环境保护补偿机制

积极争取中央和省财政生态保护转移支付资金，加大对重点生态区的生态补偿力度。设立生态环境保护公益基金，建立事前保障的生态补偿保证金制度和事后治理的生态恢复制度，推动生态补偿工作制度化和规范

化。完善统计评价体系，加强对生态补偿资金使用情况
的跟踪分析和监督检查。通过加大中央财政转移支付、
专项建设资金和生态补偿等机制，为贵州省生态环境保
护与建设提供稳定的资金支持。

三　金融政策

1. 扩大信贷规模

进一步加大信贷和政策支持力度，赋予在黔机构更
大的审批和业务创新权限；鼓励和引导银行业机构统筹
制定信贷投放规划，加大对贵州重点产业、交通和水利
等基础设施建设、产业园区等项目建设的信贷支持力
度，确保新增贷款高于全国平均水平；对贵州实行优惠
的贷款利率和利差补贴政策；加大对贵州地方法人金融
机构再贷款支持力度，实行倾斜的存款准备金率；在制
定分省（区、市）社会融资调控总量及相关调控目标
时，给予贵州特殊倾斜支持。

2. 支持完善地方金融组织体系

支持贵州加快推进贵州银行、贵州农村商业银行、
市（州）地农村商业银行、茅台集团财务公司的组建

步伐；支持地方发展法人保险公司、地方金融资产管理公司、证券、基金、期货等金融机构；鼓励发展村镇银行、农村资金互助社等新型农村金融机构；加大对担保机构、小额贷款公司等中小微企业投融资平台建设的政策支持力度。

3. 深化农村金融改革

支持推进农村金融产品和服务创新，鼓励银行业金融机构在金融服务空白乡镇设立服务网点；进一步加大对"三农"的信贷投入，增加支农再贷款额度，对支持"三农"力度较大的金融机构实行较低的存款准备金率；探索建立农业贷款风险损失补偿机制；加大中央财政对贵州保险业的支持力度，在大力推进政策性保险发展的基础上，开展地方特色农产品政策保险，扩大贵州省政策性保险的覆盖范围，支持开发农业和农村小额保险产品。

四　财税政策

1. 进一步加大一般性转移支付和专项转移支付支持力度

在安排对西部地区一般性转移支付补助时，将贵州特有的石漠化面积、地表起伏度大、凝冻气候、城乡人均收入、人均受教育年限、人均寿命等因素纳入考虑，进一步加大一般性转移支付力度。加大交通、水利、生态建设、扶贫开发、社会事业等专项转移支付力度。

2. 从区域产业布局和资源开发上加大支持力度

明确要求央企在贵州注册的分支机构变更为独立法人，税收交在资源开发地；提高贵州在所得税中的分成比例。加大中央勘察基金、国土资源调查评价基金对贵州的投入力度；扩大贵州资源综合利用产品享受增值税优惠政策范围；按能源价格5%收取煤炭等重要资源税；从区域产业布局和资源开发上加大支持力度，把更多"财富"留在贵州。

3. 给予必要的专项支持

建议加大对贵州省基础设施、公共服务、统筹城乡、产业发展、生态环保等的专项支持力度。对贵州重点公路、铁路、机场建设用地免征耕地占用税；贵州大型水电站享受与三峡电站同等的税收优惠政策；加大对国家级开发区基础设施建设项目贷款贴息支持力度。适当提高贵州保障性安居工程的中央补助标准；对贵州执行进口自用物资关税返还政策；将符合条件的公益性建设项目国债转贷资金全部改为拨款。由于国债转贷公益型项目还款由财政负担，建议将符合条件的公益项目的国债转贷资金逐步转为拨款，减轻贵州省的财政负担。

五　投资政策

1. 加大中央预算内投资支持力度

向民生工程、基础设施、生态环境等领域倾斜。提高对公路、铁路、民航、水利等建设项目的投资补助标准和资本金注入比例。对中央安排的公益性建设项目，取消地方配套资金。对贵州贫困县除水源工程外免除省内配套资金。安排中央预算内投资，支持纳入西部大开发的重点项目前期工作。

2. 设立贵州省产业投资基金

为鼓励贵州省特色优势产业的发展，有必要引入产业投资基金，优先引导支持贵州省的重点产业发展。通过发行基金券，将投资者的不等额出资汇集成信托资产，交由专门的投资管理机构管理，直接投资于特定产业的未上市企业，并对受资企业加以培育和辅导，增强企业的科技创新能力，培育新的经济增长点，为形成具有核心竞争力的企业集团提供强大的支撑作用。

3. 鼓励和引导社会各类资金向贵州省投资

实行投资补贴，鼓励和引导社会各类资金向贵州省投资。对新投资贵州省的属于重点鼓励发展产业目录范围内的企业，给予10%的投资补贴，具体目录由财政部、税务总局会同有关部门研究制定。对新投资农副产品加工转化和劳动密集型产业的企业，在用电、运输等方面给予特殊价格政策支持，具体办法由发展改革委会同有关部门研究制定。

六　土地政策

1. 落实最严格的耕地保护制度和节约用地制度

统筹各类用地需求，推进城乡土地一体化管理。试行对土地利用总体规划实施定期评估和调整机制，开展区域差别化土地政策试点工作。

2. 对贵州省采取差别化的耕地占补平衡政策

允许贵州在确保国家下达的耕地保有量的前提下，因地制宜保护耕地，对占一补一不做硬性规定，以避免过度开垦耕地，加剧水土流失和石漠化程度。

3. 支持盘活存量建设用地

按照符合土地利用总体规划和不突破建设用地总规模的原则，对现有存量建设用地实行空间置换。允许贵州将已批准农用地转用的大中型水利水电工程库区作为农用地管理，其农用地指标调剂给省内使用。新增的大中型水利水电工程水库淹没区只征收、不转用。

七　人才政策

1. 加大对贵州各类人才的对口培训力度

支持贵州义务教育和学前教育基础设施和教师队伍建设。延长对"特岗教师"工资资助年限，以缓解"特岗计划"实施县财政压力；继续加大西部"国培计划"实施力度，对贵州增加部属师范大学免费师范毕业生招生计划；支持地方师范院校实施西部"免费师范生定向培养计划"，实施"农村艰苦边远地区教师周转宿舍"建设项目，吸引高校毕业生投身农村基础教育事业。支持中等职业教育建设。将贵州中职学校分别纳入国家示范性中职学校、二期中等职业教育基础能力建设项目支持学校、中央财政支持的职业院校实训基地项目学校，免除贵州县镇非农户籍中职学生学费。支持贵州高等教育加快发展和高端人才的培养。鼓励发达省份与贵州省相关高校与科研机构及企业建立合作培养博士后的工作机制。

2. 完善与落实艰苦边远地区工资补贴制度

逐步提高贵州机关事业单位工资水平，落实艰苦边远地区津贴动态调整机制，通过科学评估、合理调拉、动态调整、加强管理等办法，切实加大对贵州省艰苦边远地区的倾斜力度。中央财政按规定给予补助。

八　开放政策

1. 进一步完善区域合作机制

积极探索建立区域间产业转移的协调机制，完善区域协作机制，努力缩小贵州与东部地区在市场准入、土地征用、技术开发、人才流动、信息共享等方面的政策差距，加强与珠三角、长三角、长株潭、成渝等地区的经济联系与沟通协调。大力培育各类市场主体，充分发挥其在区域合作和承接产业转移中的主导作用。采取多种形式、多种途径共建产业园区，主动承接国际和东部沿海发达地区的产业转移。

2. 加快促进外资外贸发展

充分利用"一带一路"、中国—东盟自由贸易区、长江经济带、泛珠三角地区等平台，参与国际区域合作，积极引进海内外资金、技术、人才等要素参与新区建设。把招商引资与产业升级、招才引智有机结合起来，搭建招商引资平台，完善招商引资政策，以园区为主要载体，大力发展以商招商、产业链招商和企业并购等多种形式，为引进企业提供宽松的政策环境和周到的政务服务。

3. 大力实施"走出去"战略

全面提高对外开放水平，加快建设对外投资促进和服务体系，鼓励有资格、有条件的企业走出去，在海外建立研发中心和原料生产基地，积极开展境外资源合作、贸易合作、工程项目合作和劳务合作，大力发展加工贸易。推动出口商品结构多元化，大力培育新的对外贸易增长点，把贵安新区建成贵州省外资外贸经济高地。

4. 加快综合性国际陆港建设

依托贵安新区，加快申请设立综合保税区等海关特殊监管区，将保税区、出口加工区、保税物流区、无水港等功能叠加其中，打造面向大西南的综合性国际陆港，争取国家赋予贵州省"口岸签证权"，支持在贵安新区设立"综合保税区""出口加工区"。加快建立贵州电子口岸，构建大通关信息平台，实现通关、物流等信息资源共享。加强跨区域合作，建立与"长三角""珠三角"、成渝经济区等区域口岸合作协调机制，争取国家支持建立东西协作产业示范园区。

九　帮扶政策

1. 将贵州纳入集中连片特困地区试点

集中实施教育、卫生、文化、就业、社会保障等民生工程，培育特色优势产业，努力解决制约连片特困地区发展的瓶颈问题，并实施生态移民工程。

2. 设立产业梯度转移国家专项资金

鼓励东部地区与贵州共建产业园区，引导东部地区大企业和企业集团入黔投资兴业。实行税收分成，实现优势互补、互动发展、合作共赢。

参考文献

陈传国、王晓杰：《不同经济水平下我国省域产业结构
演变实证研究》，《贵州财经学院学报》2012 年第
4 期。

陈超、钟良晋：《贵州工业化与城镇化协同发展的现
状、障碍及对策》，《贵州商业高等专科学校学报》
2012 年第 3 期。

陈霖：《略论加快贵州工业化进程中的问题与建议》，
《区域经济》2013 年第 12 期。

陈扬：《贵州工业强省战略的经济分析》，《贵阳市委党
校学报》2011 年第 2 期。

程红：《发展现代林业与建设生态文明》，《生态文化》
2010 年第 1 期。

干江东：《创新驱动转型发展，助推贵州同步小康》，
《贵州日报》2014 年 7 月 11 日第 14 版。

《贵州省发展战略研究》课题组：《贵州省人口与人才
　　发展战略研究》，2012 年。

付京、钱津：《促发展：贵州需要树立发展新思路》，
　　《贵州财经学院学报》2010 年第 2 期。

贵州省发改委：《贵州省石漠化综合防治工作情况的报
　　告》2011 年 11 月 1 日。

贵州省国土资源厅、贵州省地矿局：《贵州省石漠化分
　　布 特 征》，http：//max. book118. com/html/2016/
　　1213/71749478. shtm。

王新伟：《贵州探索石漠化综合生态治理新路子》，《经
　　济日报》2011 年 8 月 2 日。

"综合发展指数研究"课题组：《2010 年地区综合发展
　　指数报告》，《调研世界》2012 年第 1 期。

何传启主编：《中国现代化报告 2011：现代化科学概
　　论》，北京大学出版社 2011 年版。

黄明辉：《关于贵州工业化发展道路的思考》，《毕节学
　　院学报》2007 年第 3 期。

洪名勇：《城镇化与工业化协调发展之路》，《经济师》
　　2015 年第 2 期。

教育部：《2010 年全国教育事业发展统计公报》，《中

国教育报》2011 年 7 月 6 日第 2 版。

金勤勤、曾春花、王亚：《基于后发优势视角的贵州新型工业化实现路径研究》,《贵阳学院学报》(自然科学版) 2015 年第 1 期。

李强：《实施产业生态化, 推进贵州经济可持续发展》,《菏泽学院学报》2010 年第 3 期。

李更生：《新常态下贵州工业转型升级的路径思考》,《理论与当代》2014 年第 12 期。

李华红：《贵州新型城镇化进程中的产业支撑研究》,《理论与当代》2014 年第 11 期。

李会萍、申鹏：《新常态下贵州产业结构优化：现状、路径与对策》,《贵州社会科学》2015 年第 11 期。

李英勤：《贵州经济边缘化和贵阳城市经济圈功能定位研究》,《经济与社会发展》2008 年第 1 期。

吕书正：《全面建设小康社会评价标准研究综述》,《理论前沿》2004 年第 5 期。

潘璠主编：《中国全面建设小康社会监测报告》, 社会科学文献出版社 2011 年版。

［美］钱纳里等：《工业化和经济增长的比较研究》, 吴奇译, 上海三联书店、上海人民出版社 1995 年版。

贵州省委政策研究室课题办：《大力推进贵州新型工业化》，《当代贵州》2008 年第 1 期。

宋菁：《工业化是破解贵州贫困的关键钥匙》，《21 世纪经济报道》2013 年 3 月 18 日第 1 版。

王礼全：《西部地区加快发展特色经济的对策研究——兼论贵州发展特色经济的重点选择》，《贵州民族研究》2000 年增刊。

王贵方：《贵州新型工业化发展的路径》，《安顺学院学报》2015 年第 2 期。

王国勇、杨文谢：《贵州城镇化发展：现状、问题及对策研究》，《城市发展研究》2015 年第 7 期。

王娜、盛剑、王淑娟：《关于贵州省制约经济发展的问题和政策选择研究》，《消费导刊》2010 年 3 月。

王志凌、罗蓉：《贵州新型工业化道路的路径选择》，《武汉理工大学学报》（信息与管理工程版）2006 年第 2 期。

魏后凯、陈耀主编：《中国西部工业化与软环境建设》，经济管理出版社 2003 年版。

魏后凯：《走好"双加速"下的"三化"协调之路》，《经济经纬》2012 年第 1 期。

［美］西蒙·库兹涅茨：《现代经济增长：速度、结构与扩展》，戴睿、易诚译，北京经济学院出版社1989年版。

谢定国、唐顺鸿：《贵州城镇化问题研究》，《贵州民族大学学报》（哲学社会科学版）2013年第6期。

谢一、宋明：《积极探索符合贵州实际的工业强省新途径》，《贵州社会科学》2011年第1期。

邢文杰、罗添：《贵州现阶段工业化发展水平测度及定位认知》，《贵州大学学报》2014年第2期。

熊康宁、李昆：《贵州省石漠化治理战略研究》。

央视新闻：《贵州等八省区出现石漠化现象——每年消失一个》，http：//discovery. 163. com/11/0914/10/7DTHL84C000125LI. html。

袁小娟：《工业化城镇化是推进贵州城乡发展一体化重要抓手》，《贵州日报》2013年11月29日第7版。

赵忠璇：《发展优势产业，实现贵州经济跨越性发展》，《贵州学院学报》（社会科学版）（季刊）2007年第1期。

张晓阳：《构建贵州工业化与城镇化协调发展的联动机制》，《贵州社会科学》2012年第12期。

曾祥坤:《新常态视角下贵州工业化发展研究》,《贵州社会科学》2015 年第 3 期。

周一星:《城市地理学》,商务印书馆 1995 年版。

中国现代化战略研究课题组:《中国现代化报告(2010)》,北京大学出版社 2010 年版。

朱海玲、曙明:《中国工业化与城镇化联动和互动的研究》,《统计与决策》2010 年第 13 期。

World Bank, *World Development Report* 2012: *Gender Equality and Development*, 2012.

World Bank, 2012 *World Development Indicators*, 2012.

Lance Davis, Douglass North, "Institutional Change and American Economic Growth: A First Step towards a Theory of Institutional Innovation", *The Journal of Economic History*, Vol. 30, No. 1, 1970.

后　记

　　党的十九大报告强调，"建设生态文明是中华民族永续发展的千年大计"，要求坚持人与自然和谐发展，像对待生命一样尊重自然环境、爱护自然环境、合理利用自然环境，实行最严格的生态环保制度，践行绿色低碳的生产方式和生活方式，走生产发展、生活富裕、生态良好的绿色文明发展道路。

　　贵州山川秀美、资源丰富、气候宜人，具有良好的生态资源优势，在我国可持续发展格局中承担着生态安全屏障和经济发展载体的双重责任。但由于地处内陆、高山峻岭、地形破碎、生态脆弱等原因，经济社会发展一直相对滞后。2012 年 1 月，国务院印发国发 2 号文件，明确指出：贵州是贫困问题最突出的欠发达省份，贫困和落后是贵州的主要矛盾，加快发展是贵州的主要任务。贵州尽快实现富裕，是西部和欠发达地区与全国缩小差距的一个重要象征，是国家兴旺发达的一个重要标志。要求贵州发挥比较优势，实现又好又快发展。如何守住"发展"和"生态"两条底线，立足新常态，补齐发展短板，走出一条后进地区绿色崛起、后发赶超的可持续道路，与全国其他地区同步迈入全面小康社会，成为摆在贵州省面前的历史责任和艰巨使命。

2013—2015年，中国社会科学院城市发展与环境研究所接受了贵州省、国家开发银行等部门的委托，先后承担了《贵州省发展战略研究》《贵安新区发展战略研究》《贵州省产业发展研究》等课题研究任务。笔者和课题组成员有幸参与其中，在大量实地调研的基础上，对贵州省守住"生态"与"发展"两条底线，走高质量、可持续的绿色发展道路有了更深刻、更直接的认识。在此基础上，我们特别申请和承担了中国社会科学院生态文明研究智库项目"生态脆弱地区的绿色转型发展"课题，以贵州省为例，对生态脆弱地区的绿色转型发展做了深入系统的研究和分析，提出了相应的理论思考和政策建议。为了使课题研究成果得到更广泛的传播，更好地服务于贵州省以及类似生态脆弱地区的经济社会发展，我们同时积极申请中国社会科学院哲学社会科学创新工程学术出版资助。

　　最后，感谢贵州省发展和改革委员会以及贵州省社会科学院、贵州大学、贵州财经大学、贵州师范大学的专家学者对于课题研究的大力支持，感谢耿冰博士对研究报告中部分数据的校核与修订，他们为课题研究成果的形成提供了宝贵的思想和真诚的帮助，在此一并致谢！